Beltz Taschenbuch 806

Über dieses Buch:

Dieses über Jahre hinweg ungewöhnlich erfolgreiche Buch richtet sich vor allem an die Eltern von Kindern und Jugendlichen, die unter einem hyperkinetischen Syndrom (HKS) leiden. Aber auch für Ärzte, Lehrer und Betreuer solcher Kinder ist es eine unentbehrliche Hilfe, die Hintergründe dieser Verhaltensstörung zu verstehen. Es ist als praktischer Ratgeber geschrieben.
Ausgehend von der amerikanischen Klassifizierung als „Attention Deficit Hyperactivity Disorder (ADHD) spricht man in Deutschland auch häufig von einer »Aufmerksamkeits- und Hyperaktivitätsstörung« oder einfach von »Hyperaktivität«. Andere wiederum bevorzugen die Bezeichnung ADS für »Aufmerksamkeitsdefizitsyndrom«, womit gemeint ist, daß hauptsächlich eine Aufmerksamkeitsschwäche als Auslöser für das Verhalten der Kinder und Jugendlichen in Betracht zu ziehen ist: für ihre Schwierigkeiten, sich konzentrieren zu können, keine Ausdauer zu haben oder überdreht und aggressiv zu sein. Obwohl die meisten Kinder wegen dieses »Zappelphilipp«-Verhaltens auffallen, muß es, insbesondere bei Mädchen, nicht immer im Vordergrund stehen.
Die anhaltende Diskussion um die Therapie der Aufmerksamkeitsschwäche (zum Beispiel im SPIEGEL 52/1998) verunsichert viele Eltern. Hier bietet das Buch von Walter Eichlseder einen guten und fundierten Einstieg auch in die Problematik und den Nutzen medikamentöser Therapieansätze.
Kinder, die unter Hyperaktivität leiden, sind unglücklich und erfahren von seiten ihrer Umgebung häufig Ablehnung, was die Symptomatik oft noch verschlimmert. Ihnen muß, möglichst früh, geholfen werden. Dieses Buch zeigt Wege einer effektiven Behandlung auf.

Der Autor:

Dr. Walter Eichlseder, Facharzt der Kinderheilkunde in München, beschäftigte sich seit 1971 intensiv mit der Problematik des konzentrationsgestörten Kindes. Regelmäßige Studienaufenthalte in den USA zur Erforschung dieses Krankheitsbildes ließen ihn in Deutschland zu einem der Pioniere bei der Behandlung von aufmerksamkeitsgestörten Kindern werden.

Walter Eichlseder

Unkonzentriert?

Hilfen für hyperaktive Kinder
und ihre Eltern

Besuchen Sie uns im Internet:
http://www.beltz.de

4 5 6 7 8   06 05 04 03 02

Beltz Taschenbuch 806
1999 Beltz Verlag, Weinheim und Basel

© 1992 Quadriga Verlag, Weinheim und Berlin
Umschlaggestaltung: Federico Luci, Köln
Satz: Mediapartner Satz und Repro GmbH, Hemsbach
Druck und Bindung: Druckhaus Beltz, Hemsbach
Printed in Germany

ISBN 3 407 22806 6

Inhalt

Redaktioneller Hinweis:
Originalberichte sind im Buch durch Einzug hervorgehoben, Originalzitate
durch Kursivsatz.

Einführung

In diesem Buch ist die Rede von Kindern und Jugendlichen, die an einem hyperkinetischen Syndrom (HKS) leiden. Das ist die häufigste Verhaltensstörung in dieser Altersgruppe. Die Kernsymptome sind Aufmerksamkeitsschwäche, Hyperaktivität, Impulsivität und mangelhaftes Sozialverhalten bis hin zur Aggressivität.

Unter *Hyperaktivität* als Symptom versteht man die körperliche Unruhe. Sie ist das vordergründigste Symptom, das der Störung zunächst den Namen gegeben hat: »das hyperaktive Kind«, »Hyperaktivität«, »Zappelphilipp«.

Das Problem der *Aufmerksamkeit* ist nicht so vordergründig, aber es steht im Zentrum der Schwierigkeiten des Kindes. Es ist die Ursache der Konzentrationsstörung, die sich vor allem im schulischen, aber auch im privaten Bereich auswirkt. Die Unaufmerksamkeit und die mangelnde Ausdauer erschweren es dem Kind, Informationen aus der Umwelt angemessen zu verarbeiten.

Impulsivität ist Handeln, ohne zu denken, auf den ersten Impuls hin, Sprechen, ohne zu überlegen: allgemein vorschnelles Agieren. Die übereilte, unkontrollierte Aktivität erschwert es dem Kind, seine Wünsche in die Tat umzusetzen.

Das *mangelhafte Sozialverhalten* und die *Aggressivität* sind die Folge einer Unfähigkeit, sich auf die Belange anderer einzustellen. Sie werden nicht wahrgenommen. Die Signale anderer werden nicht wahrgenommen oder mißdeutet. Das Einfügen in einen sozialen Verband ist schlecht möglich. Es kommt zur Ablehnung durch das Umfeld. Die Verbindung des hyperkinetischen Kindes zur Umwelt ist schwer gestört.

Die im folgenden beschriebenen typischen Verhaltensweisen können zeitweise auch beim nicht-hyperkinetischen Kind auftreten. Dies ist wesentlich für das Verständnis der Kinder mit HKS. Der Unterschied ist, daß das hyperkinetische Kind immer so ist, von früh bis spät, Tag für Tag, von der Kleinkindheit an bis zur Adoleszenz. Da jedes Kind ein Individuum ist, sind auch die Verhaltensweisen der einzelnen hyperkinetischen Kinder verschieden und variieren oft mit dem Alter. So überwiegt beim einen die motorische Unruhe, bei einem anderen fallen vor allem das Sozialverhalten und bei einem dritten die Konzentrationsstörungen auf. Eine Kombination mehrerer Symptome prägen das typische Verhaltensbild.

Dieses Buch richtet sich vor allem an die Eltern und Betreuer hyperkinetischer Kinder, also auch an die Pädagogen. Es ist ein praktischer Ratgeber.

Das Buch ist so aufgeteilt, daß zunächst das Störungsbild detailliert beschrieben wird. Dann wird auf Hintergründe und Ursachen eingegangen. Nach einem Kommentar zur Diagnosestellung wird besprochen, wie man dem Kind helfen kann. Die wichtigsten Arten der Behandlungsformen und Hilfsmaßnahmen werden erörtert: die medikamentöse und nicht-medikamentöse Behandlung, Diätansätze und psychotherapeutische Verfahren. Den Abschluß bildet eine Besprechung der Führung dieser Kinder in Elternhaus und Schule.

1. Teil:
Das Erscheinungsbild

Sie sind im Gespräch, diese Kinder, die durch ihre Rastlosigkeit auffallen, die sich nicht konzentrieren können, keine Ausdauer haben, impulsiv bis aggressiv sind und in der Schule trotz guter Intelligenz versagen. Ihre atemberaubende motorische Unruhe hat ihnen das Beiwort »hyperaktiv« eingetragen. Ihre Konzentrationsstörungen, die kurze Aufmerksamkeitsspanne, die mangelnde Ausdauer erweisen sich in jeder Lebenslage, in der Schule und bei stillen Beschäftigungen, auch bei Spielen mit Freunden als großes Hindernis. Die Impulsivität, diese Neigung, alles auf den ersten Impuls hin, ohne Überlegung zu tun, macht sie zu unberechenbaren Zeitgenossen. Ihr unkontrolliertes Benehmen bringt sie unentwegt in zwischenmenschliche Schwierigkeiten.

Sie sind sehr unglücklich, diese Kinder, über sich selbst, natürlich auch über die Ablehnung, die Gereiztheit und das Unverständnis, mit der die Umwelt auf ihre schwierige Art reagiert. Sie sind nicht zufrieden mit sich, weil sie nicht tun können, was sie vorhaben, nicht vollenden, was sie angefangen haben. Sie können nicht verstehen, daß ihre Wesensart ihre Mitmenschen irritiert. Sie erkennen nicht, daß ihre mangelnde Fähigkeit, die Regeln des Spiels oder des Zusammenlebens anzunehmen, Unwillen erzeugt. Ganz besonders schwer wiegt für sie ihr Versagen in der Schule. Trotz immer neuer Vorsätze geht es langsam aber sicher bergab. Sie stehen dieser Entwicklung zunächst ungläubig, dann hilflos und schließlich gleichgültig gegenüber. Die armseligen Ergebnisse ihrer schulischen Bemühungen und ihrer privaten Aktivitäten sowie die Erfolglosigkeit ihrer Bestrebungen, soziale Anerkennung zu finden, resultieren in einer enormen Beeinträchtigung ihres Selbstwertgefühls. Zunehmende Mutlosigkeit und ein wachsender Unwille mitzutun sind die Folgen. Es ist bekannt, was am Ende einer solchen Entwicklung steht, wenn sie nicht durch äußerst günstige Einflüsse aufgefangen wird: eine Kette von nicht abreißenden persönlichen Enttäuschungen im privaten und im beruflichen Leben. Aus der dissozialen Haltung wird eine antisoziale, aus der mit

ihrer Verhaltensstörung ringenden Persönlichkeit wird eine neurotische.

Zunächst wird über das Erscheinungsbild dieser Kinder berichtet.
Da das Schulalter die Zeit ihres Lebens ist, in der die meisten von ihnen
in ernste Konflikte geraten, soll diese Zeit, das mittlere Kindesalter, im
Vordergrund der Betrachtung stehen. Dann wird beschrieben, wie sich
die hyperkinetischen Kinder als Säuglinge und als Kleinkinder gegeben
haben. Als letztes wird dargestellt, was aus ihnen wird, wenn sie in die
Pubertät oder in das Adoleszentenalter geraten sind.

Das Alter zwischen sechs und vierzehn Jahren ist die Zeit, in der die
Kinder am ehesten auffällig werden. Spätestens jetzt führt sie ihr Verhalten mit Sicherheit in eine Kollision mit der Umwelt. Das Kind ist
hier zum erstenmal ganz eindeutig einer sozialen Umgebung ausgesetzt, in der nicht mehr liebend beide Augen zugedrückt und von
vornherein verziehen und verständnisvoll darüber hinweggesehen
wird. Während der erste Lehrer noch etwas »elterlich« reagieren mag,

Kritisch und wach, mißtrauisch, aber ein großes Bedürfnis nach Selbst-
behauptung – der Blick eines hyperaktiven Mädchens

sehen Schulkameraden unser Problemkind mit viel abwägenderen Augen. Sehen wir uns am Beispiel an, wie es solchen Kindern ergeht.

Zuvor noch einige Hinweise zur Anlage des Buches: Sämtliche authentischen Berichte und alle einzelnen Beispiele stammen aus meiner eigenen Praxis. Wenn aus der Fachliteratur zitiert wird, ist dies vermerkt. Originalberichte von Eltern, Lehrern, Kindergärtnerinnen oder eigene Stenogramme sind dadurch gekennzeichnet, daß sie eingerückt sind. Originalzitate von Beobachtern oder Kindern sind kursiv gesetzt. Desweiteren wird häufiger von Jungen als von Mädchen gesprochen, weil jene mehr betroffen sind. Da die meisten Kinder nicht alle »Symptome« dieser Störung – so wollen wir die »Verhaltensauffälligkeit« nennen – gleichzeitig aufweisen, ist ihr Erscheinungsbild sehr unterschiedlich. Jedes Kind bietet also seine eigene Kombination von Eigenschaften, mit unterschiedlicher Schwere zu unterschiedlichen Zeiten in bestimmten Lebensperioden. Es liegt auf der Hand, daß in der hier wiedergegebenen Auswahl nicht alle möglichen Verhaltensmuster vorgestellt werden können.

Im nachfolgenden Bericht sind die Hauptmerkmale des HKS gut zu erkennen.

Schriftlicher Bericht einer Lehrerin über Albert, einen Schüler der ersten Klasse:

Albert malt Ostereier statt mitzurechnen. Er weint lauthals, weil er nur vier Reihen einer Geschichte lesen darf; andere Schüler der Klasse müssen sich selbstverständlich mit zwei Reihen begnügen und sind zufrieden.

Er weigert sich, mit der Klasse das Klassenzimmer zu betreten und legt sich statt dessen bäuchlings auf die Pausenhofmauer.

Täglich reißt Albert den Kindern der Klasse die Mützen vom Kopf, obwohl sie ihm nichts tun (Eltern haben darüber schon oft geklagt).

Albert schlägt die Kinder wahllos.

Er springt in letzter Zeit absichtlich während des Unterrichts im Klassenzimmer herum.

Die direkt vor ihm sitzenden Schüler stößt er, zupft sie, zieht sie rücklings vom Stuhl herunter und rauft mit ihnen.

Das frühere Abschlecken ihrer Haare unterläßt er nun.

Er weigert sich, Aufgaben allein zu machen (Stillbeschäftigung) mit der Begründung:»Das mache ich jetzt nicht, ich mache das daheim.«

Spiele der Spielecke interessieren ihn nicht mehr. Wenn die Erstkläßler in Gruppen sich einem der vielen Spiele widmen, sitzt Albert allein da, malt oder springt herum und versucht, die anderen im Spiel zu stören, indem er durch Zupfen, Stoßen, Schlagen auf sich aufmerksam macht. Untröstlich gebärdet er sich, wenn am Freitag ein Film läuft und er ihn wegen seines Malkurses im Nachbarort nicht besuchen kann. Er legt sich auf seinen Tisch und schreit und heult laut.

Die Schüler der Klasse lachen ihn wegen seines Verhaltens immer häufiger aus. Dabei gerät dann Albert auch in Wut und wehrt sich, indem er blindlings zuschlägt. Die angegriffenen Kinder schlagen zurück, und so entsteht mitten im Unterricht ein aggressiver Kampf.

Vernünftige und einsichtige Kinder der Klasse lehnen Albert kopfschüttelnd ab und beginnen ihn langsam zu bemitleiden.

Bevor die zweite Stunde beginnt, beklagen sich einige Schüler der Klasse über Albert. Er zieht ihnen die Mützen herunter.

9.50 Uhr. Albert dreht sich verkehrt herum und schreit heraus.

9.51 Uhr. Er rutscht auf seinem und dem freien Nachbarstuhl hin und her, steht ständig auf, schiebt die Stühle wie Kinderwagen vor sich her.

9.52 Uhr. Er spannt einen Gummi zwischen beide Hände und spielt damit.

9.53 Uhr. Er ruft grundlos den Namen eines Mädchens.

9.55 Uhr. Er legt sich auf den Tisch.

9.56 Uhr. Er spielt wiederum mit dem Gummiring und zielt auf Kinder. Nach einer Mahnung, den Gummi herzugeben, schiebt er ihn in den Ranzen.

9.57 Uhr. Er singt: »Wach auf, du alter Güldenschein«, während die anderen schreiben.

9.58 Uhr. Albert steht auf und schlägt um sich. Er zieht Grimassen dazu.

9.59 Uhr. Er durchwühlt grundlos seinen Ranzen.

10.00 Uhr. Große Pause.

Bevor er hinausgeht, schlägt er Charlotte, obwohl sie Albert nichts getan hat.

10.00 bis 10.20 Uhr. Pause.

10.22 Uhr. Albert schlägt Anna ohne ersichtlichen Grund, rennt im Klassenzimmer herum, wischt Tische ab, statt am Platz zu sitzen.

10.25 Uhr. Er schlägt mit Fäusten auf Markus ein und rauft während der Stunde mit ihm.

10.27 Uhr. Albert schiebt seinen Tisch den vor ihm sitzenden Kindern in den Rücken, danach schiebt er seine Knie zwischen Stuhl und Tischkante hoch.

10.35 Uhr. Er legt die Beine auf den Stuhlrücken und dreht der Tafel den Rücken zu.

10.36 Uhr. Albert steht auf und schreit plötzlich:»Zaubermühlen«.
10.37 Uhr. Albert zieht Grimassen und legt sich auf seinen Tisch.
Ein weiteres Protokollieren ist unmöglich, da die Schüler ständig fragen,
warum ich denn heute soviel schreibe.

Dazu erzählte mir die Adoptivmutter dieses gutaussehenden, gesunden Jungen:

Er kam im Alter von vierzehn Tagen in die Familie. Schon als Kleinkind sei er sehr unruhig gewesen, was aber die Eltern mit einer gewissen Gelassenheit hingenommen hätten, obgleich das Leben mit ihm sehr aufregend gewesen sein muß. So hat er zum Beispiel trotz empfindlicher Folgen für seine Hände immer wieder den heißen Auspuff des Autos betastet, die heiße Herdplatte berührt oder eine Biene gedrückt. Die Probleme begannen im Kindergarten; dort erhielt er kurzerhand Kindergartenverbot, weil er untragbar war. Er wurde mit sieben Jahren eingeschult. Das vorangehende Protokoll stammt aus der ersten Klasse, aber in der zweiten Klasse sei er unverändert problematisch. Seine Rechenschwäche beschert ihm nur die Note 6. In den anderen Fächern sei er nicht so schlecht, obwohl es ihm sehr schwerfällt, etwas abzuzeichnen oder abzuschreiben. Bei den Hausaufgaben könne er sich nur kurz konzentrieren, sitze aber oft zwei bis drei Stunden daran, bis er endlich fertig sei. In Deutsch mühe er sich allein, beim Rechnen müsse die Mutter Hilfestellung geben. Vom Turnen mußte er befreit werden, weil er eine ständige Gefahr für sich und andere war. Als er wieder einmal etwas angestellt hatte, sagte er:»Ich kann nicht anders.« Ein anderes Mal:»Ich will lieb sein, aber ich kann es oft nicht.« Er schläft sehr spät ein. Man wollte ihn schon in eine Sonderschule schicken, aber der Sonderschulrektor hat gesagt, er gehöre nicht in die Sonderschule, er sei zu intelligent. Die Schwierigkeiten eskalierten in der letzten Zeit in einem Ausmaß, daß eine Abhilfe unumgänglich war. Vor allem war seine Stellung in der Schule unhaltbar geworden. Die Mutter berichtete:

Innerhalb der ersten Klasse mußte er in eine Parallelklasse wechseln, weil die Lehrerin feststellte, daß der Bub wegen seiner Verhaltensweisen und schlechten Leistungen nicht in dieser Klasse bleiben könne. Auch meinte sie, die Eltern hätten in der Erziehung versagt. Aber auch der einfühlsame Lehrer der Parallelklasse versuchte vergeblich zu verhindern, daß Albert nach kurzer Zeit durch sein auffallendes Verhalten wieder in eine Außenseiterrolle kam. Die Kinder erwarteten von ihm täglich abnormes Verhalten. Trotzdem war Albert bei vielen Kindern beliebt. Er verhielt sich aufmerksam und sehr hilfsbereit. Alberts Schulschwierigkeiten wuchsen, je mehr der Leistungsdruck stieg und sich Ehrgeiz in den Mitschülern zeigte. Er wurde nun zum permanenten Klassenkasper und Störenfried. Er erhielt die Namen Nervensäge und Rauschgift und mußte so manche Hänselei über sich ergehen lassen.

Eines Tages erhielt die Mutter von zwei Lehrerinnen eine schriftliche Mitteilung:

Albert stört seit Tagen wieder sehr stark. Wenn es so weitergeht, bin ich gezwungen, ihm eine andere Theaterrolle zu geben. Er läßt während des Übens andere, die neben ihm stehen müssen, nicht in Ruhe.

Albert rennt während des Unterrichts im Zimmer herum (drei Stunden lang), stupft Gabi in die Augen, hält Olli den Mund und Markus die Nase zu. Stefan wird mit Turnschuhen geschlagen, und Marina beschwert sich über seine Streiterei. Thomas stößt er mit dem Ellbogen.

Was ist nun an diesem Kind typisch für die hier in Betracht stehende Verhaltensstörung? Sind nicht Verhaltensweisen dabei, die für dieses Alter durchaus normal sind und bei allen Kindern vorkommen? Selbstverständlich ist dies der Fall: Jedes Kind zupft einmal ein anderes, reißt ihm die Mütze herunter oder steht ungefragt auf. Auch übermütiges Herumspringen oder Necken des Nachbarn ist nichts Ungewöhnliches. Selbstverständlich ist es auch, wenn ein Kind einmal nicht bei der Sache ist, weil zu Hause ein neues Geschwisterchen geboren wurde oder die Mutter im Krankenhaus liegt.

Für das HKS, unter dem Albert leidet, ist nun das gleichzeitige Vorkommen bestimmter Eigenschaften, die sehr dominierend auftreten, charakteristisch. So ist ungewöhnlich und zugleich äußerst störend: *die Kombination von großer motorischer Unruhe und starkem Störverhalten.* Einzeln wären diese Eigenschaften erträglich; aber nicht kombiniert, nicht auf Dauer und nicht in dieser Vehemenz. Bei hyperkinetischen Kindern ist es an der Tagesordnung, daß sie immer wieder aus der Bank fallen, aufstehen, laut dazwischenrufen, durch Geräusche auffallen, andere belästigen, und das mit einer Stoßkraft, die jede gemeinsame Tätigkeit einer Gemeinschaft, in der dieses Kind auftaucht, sprengt.

Hier eine Episode eines anderen liebenswerten, sehr intelligenten Jungen, dessen Unruhe und Störverhalten so schlimm waren, daß sich die Mutter in ihrer Verzweiflung veranlaßt sah, das Kind in den großen Ferien einmal auf einen Bauernhof zu schicken. Sie dachte, der Abstand zwischen ihr – die sich selbst als sehr nervös ansah – und ihrem Sohn würde auf beide besänftigend wirken. In der Bauernfamilie gab es drei Kinder. Die Atmosphäre dort war gelassen und ohne Spannung.

Der Bäuerin war das Problem bekannt, und sie hatte die Mutter ermuntert, ihr den Buben auf den Hof zu schicken. Der Junge war sehr erfreut, und die Kinder freuten sich auf den Gast. Dort, in der Ruhe des Landlebens, dachten die Mutter und die Bäuerin, würde sich seine Nervosität legen.

Es dauerte genau zwei Wochen, da rief die Bäuerin völlig verzweifelt an und bat die Mutter dringend, das Kind wieder abzuholen, es sei nicht mehr auszuhalten mit ihm. Das Familienklima habe sich total verändert. Ihre eigenen Kinder würden sich plötzlich in die Haare geraten und sie streite mit ihrem Mann. Sie bekäme schon Magenschmerzen, wenn sie nur an den nächsten Tag denke. Das Kind habe soviel Unruhe in die Familie gebracht, und es sei ihr nicht gelungen, diese gespannte Stimmung auszugleichen.

Was sehen wir an dieser Geschichte? Diese Kinder schaffen es, ihre Umwelt zu verändern. Ihr Verhalten ist derart schwer zu ertragen, daß jeder, auch der gelassene Freund und die liebende Mutter mit negativem Verhalten, Gereiztheit und Ungeduld darauf reagieren.

Kurze Aufmerksamkeitsspanne

Die kurze Aufmerksamkeitsspanne, die Unfähigkeit, sich auch nur kurzzeitig zu konzentrieren, wird in dem Bericht von Alberts Klassenlehrerin nicht direkt angesprochen, ist aber daran zu erkennen, daß das Kind nicht in der Lage ist, eine von der übrigen Klasse getragene Tätigkeit mitzuvollziehen. Die kurze Aufmerksamkeitsspanne ist ein sehr schweres Handikap für diese Kinder. Sie bemühen sich, aufmerksam zu sein und die ihnen gestellten Aufgaben zu bewältigen. Aber es gelingt ihnen beim besten Willen nicht. Dieses Wollen ist für viele Unerfahrene nicht erkennbar, da die Kinder ziemlich bald so tun, als ob sie keine Lust dazu hätten und diese nur zu bald auch wirklich nicht mehr aufbringen können.

Obwohl wir das wissen, neigen wir Erwachsenen dazu, es für Faulheit zu halten, wenn das Kind übermäßig viele Leichtsinnsfehler macht, wenn sich gegen Ende einer Arbeit die Fehler mehren, wenn die Schrift unordentlich oder die Heftführung schlampig ist. Besonders typisch ist der Umstand, daß dasselbe Wort einmal korrekt geschrieben, das nächstemal fehlerhaft und dann wieder richtig geschrieben werden kann. Oder daß die Schrift des Kindes an einem Tag schön und am anderen verheerend schlecht ist. Das verführt die Beobachter dazu anzunehmen, es könne, wenn es nur wolle. Es kann aber nicht, wie es will.

Auch bei den Hausaufgaben zeigt sich die kurze Aufmerksamkeitsspanne. Albert mühte sich ohne Drängen der Mutter zwei bis drei Stunden an seinen Hausaufgaben. Das ist eine in gar keinem Fall vertretbare Belastung für ein Kind in der zweiten Klasse. Es bleibt kaum mehr freie Zeit übrig. Die Hausaufgabensituation ist der Alptraum der Mütter dieser Kinder. Denn fast alle HKS-Kinder haben Schwierigkeiten damit. Zunächst dauert es sehr lange, bis es mit den Aufgaben beginnt. Es findet alle möglichen Ausreden. Hat es dann endlich begonnen, unterbricht es sich laufend. Schon nach der ersten Zeile verlangt es ein Glas Wasser oder will den Tintentod holen. Das Kind kommt nicht weiter, es müht sich ab, aber es will nicht gelingen. Die Fehler häufen sich, und es wird immer schwerer. Die Hand wird müde und schwitzt, weil auch das Schreiben so anstrengend ist. Draußen warten bereits die Freunde, die ohne großen Aufwand ihre Hausaufgaben mühelos hinter sich gebracht haben.

Aus vielen Hunderten von Schilderungen ist klar ersichtlich, daß es völlig unerheblich ist, wie die Mutter dieser Situation begegnet, ob sie dabeisitzt oder nicht, ob sie kontrolliert oder nicht, ob sie lobt oder tadelt, ob sie Belohnungen in Aussicht stellt oder Fernsehverbot. In Untersuchungen wurde gezeigt, daß diese Kinder kaum auf »Verstärker« reagieren; das heißt, weder positive noch negative Folgen ihres Tuns vermögen ihr Handeln zu beeinflussen. Es ist anzunehmen, daß die Kinder sicherlich vorhaben, die Aufgaben nicht nur ordentlich, sondern auch rasch hinter sich zu bringen. Denn nur auf diese Weise gelangen sie möglichst schnell zum Spiel. Das Kind ist nicht unwillig oder trotzig, sondern hilflos.

Die mangelnde Ausdauer zeigt sich denn auch an den Dingen, die das Kind selbst zu tun wünscht. Im Bücherregal dieser Kinder stauen sich die Bastelteilchen, die unfertig gebliebenen Modellflugzeuge oder Schiffe. Nichts wird zu Ende gemacht, und wenn, dann schlampig. Gegen Ende ihrer Arbeit verlieren sie die Geduld, sie können nicht mehr sauber malen, und so wird das Ganze auch nicht so, wie sie es sich eben vorgestellt haben. Sie verlieren die Lust daran und stellen es in die Ecke. Am nächsten Wochenende sind sie wieder guten Mutes und wünschen sich ein neues Modell zum Basteln.

Hyperkinetische Kinder können auch kaum eine Zeichnung vollenden. Sie haben keine Geduld, ein Spiel zu Ende zu machen. Sie verlieren sehr rasch das Interesse daran, was auch die Mitspieler ärgert. Sie fangen vieles an und vollenden kaum etwas. Sie wollen immer wieder ein neues Instrument erlernen, nach einigen Wochen Unterricht hören sie auf zu üben. Eine Handarbeit beginnt das Kind munter und guter Dinge, nach zehn Minuten gibt es auf. Der Mut dieser Kinder ist zu bewundern. Denn es gehört schon eine große Lebenskraft dazu, immer wieder anzufangen, obwohl man immer wieder Schiffbruch erleidet, und immer wieder lustig zu sein nach einer Horrorhausaufgabenzeit.

Im Fall von Albert hat die kurze Aufmerksamkeitsspanne noch nicht in allen Fächern zu Leistungsversagen geführt. Das Kind ist intelligent genug, durch punktuelles Aufpassen das Wesentliche des Vortrags zu erfassen, zu behalten und notfalls wiederzugeben. Aber wie das Beispiel Mathematik zeigt, sind erste Mißerfolge deutlich geworden.

Impulsivität

Die Impulsivität von Albert ist ein weiteres Problem für ihn geworden. Sie war mit Sicherheit schuld am Hinauswurf aus dem Kindergarten. Impulsiv handelt jemand, der auf den ersten Anstoß, auf den ersten Impuls hin etwas tut, ohne vorher zu überlegen. Er tut alles auf Anhieb. Früher sagte man dazu »unbeherrscht«. Der Impulsive hat sich nicht in der Hand. Er ist nicht in der Lage, seine Impulse zu steuern. Unüberlegtes Handeln in jeder Lebenslage ist für Kinder gefährlich, denn es verhindert erfolgreiches Agieren und erzeugt Konflikte mit der Umwelt. Der Impulsive platzt überall dazwischen, stört andere beim Spiel oder stört in der Klasse seine Kameraden. Zunächst ignorieren sie das noch, aber bald lachen sie ihn aus, und mit der Zeit werden sie ausgesprochen ärgerlich über solche Störungen. Sie lehnen ihn deshalb ab und lassen ihn nicht mehr mitspielen. Diese Kinder dürfen auch nicht mehr Fußball spielen, sie fliegen aus dem Sportverein hinaus, aus einer Institution, in der gewiß überbordende Aktivität geduldet werden könnte. Sie sind auch dort untragbar, weil sie sich an keine Regeln halten, immer etwas anderes tun, sich und andere dabei gefährden und furchtbar herumschreien, wenn ihnen etwas nicht gelingt.

In der Schule führt die Impulsivität zu folgender Entwicklung: Das Kind schießt eine Antwort heraus, ohne überlegt zu haben, ob sie richtig ist. Es ist kaum glaubhaft, aber es ist wirklich in der Lage, ein Diktat zu beginnen, ehe der Lehrer das erste Wort gesprochen hat. Seine Hand ist immer sofort in der Höhe, wenn der Lehrer eine Frage gestellt hat, und die Antwort ist, da nicht überlegt, fast immer falsch. In einer schriftlichen Arbeit überlegt es nicht lange, ob das Wort wirklich so geschrieben wird oder ob eine Übersetzung so wirklich richtig ist.

Was ihm in den Sinn kommt, wird hingeschrieben, ohne nachzudenken, ohne Rückversicherung. Die erstbeste Lösung ist gut genug. Die Kinder in der Klasse beginnen zu lachen über diese dummen Antworten. Das Lachen kann durchaus als Verstärker für das Bemühen des Kindes wirken: Es macht nun absichtlich Blödsinn, weil es die einzige Möglichkeit ist, Aufmerksamkeit von seinen Kameraden zu erhalten. Der Lehrer merkt natürlich auch, daß nunmehr Absicht im Spiel ist, er ärgert sich und bestraft das Kind dafür. Auch die anderen Kinder ärgern sich zunehmend über das hyperkinetische Kind.

Besonders schlimm wirkte sich die Impulsivität beim siebenjährigen Daniel aus. Er war zappelig, wild und brauchte die ganze Geduld der Lehrerin, die ihn trotz seiner extremen Unkonzentriertheit gern hatte. Er war bei den besseren Schülern. Eine Psychologin hatte bei ihm überdurchschnittliche Intelligenz getestet, und er hatte dann zweieinhalb Jahre lang wöchentlich einmal bei ihr Konzentrationsspiele gemacht, die aber keine Änderung seines Verhaltens erbrachten.

Er saß sehr lange bei den Hausaufgaben und konnte keiner häuslichen Anordnung nachkommen, weil er alles vergaß. Er konnte »sich nicht ruhig freuen; er steigerte sich in alles hinein«.

Das große Problemgebiet war der Tennissport. Schon sehr früh zeigte er sich hier sehr begabt. Aber er wurde so irrsinnig zornig, wenn ihm etwas nicht gelang. Bis zum Beginn der Behandlung hatte er schon fünf Schläger zerschlagen, zerstört im Zorn über eigenes Versagen. Nur aufgrund seiner außerordentlichen Begabung wurde er trotz seines aufbrausenden Verhaltens im Club behalten.

Hier ist deutlich, daß die Impulsivität für ein Kind Probleme in einem Feld aufwirft, das nur durch das kindliche Wollen bestimmt wird. In diesem Fall haben die Eltern das Kind nicht in eine Rolle als sportliches As hineingedrängt. Sie waren, im Gegenteil, nicht sehr angetan von den großen Tennisambitionen ihres Sohnes, weil sie sahen, daß er dabei die schulischen Pflichten mehr und mehr vernachlässigte. Er selbst wollte auf dem Feld des Tennis glänzen, vielleicht weil er in der Schule keine Anerkennung fand; und es gelang ihm hier auch nicht so, wie er es sich wünschte. Er war ehrgeizig. Und jede Schwäche brachte ihn außer Rand und Band.

Bezeichnend sind deshalb auch die Worte, die diese Kinder über sich selbst finden: »Mama, warum bin ich so?«; »warum bin ich überhaupt auf der Welt?«; »warum habe ich keinen Freund?«; »warum geht bei mir alles schief?«; »keiner mag mich!«; »warum nur bin ich der Hampelmann?«; »ich kann die Spannung in mir nicht aushalten!«; »es ist so, als wenn ein elektrischer Motor in mir wäre«.

Das Lernvermögen im sozialen Bereich und damit der Umgang mit den anderen Kindern ist bei den meisten der hyperkinetischen Kinder deutlich reduziert. Sie tun sich schwer, den richtigen Umgangston und eine Handlungsweise zu finden, die in der jeweiligen Gemeinschaft üblich und akzeptiert sind. Es gibt in jeder Gruppe einen von den Mitgliedern erstellten oder vom Erzieher vorgegebenen Rahmen, der das Zusammenspiel erleichtert oder gar erst möglich macht. Die hyperkinetischen Kinder scheinen die »Rahmenbedingungen« nicht zu erkennen. Oder sie erkennen sie, können sie aber nicht einhalten. Sie überschreiten die Grenzen. Sie »benehmen sich daneben«. Dies wird vor allem von der Gruppe »bestraft«. Das hyperkinetische Kind fühlt sich bald ungerecht behandelt, weil es nicht wahrnimmt, warum es zu Schwierigkeiten mit anderen kommt. Es kommt zu eskalierenden Auseinandersetzungen und am Schluß zur Ausgrenzung des hyperkinetischen Kindes. Die Gemeinschaft duldet den »Störenfried« nicht.

Diese Ablehnung durch die Kameraden ist ein kaum erträgliches Erlebnis für das HKS-Kind. Die Schulzeit ist die Zeit, in der die Kinder sich den Gleichaltrigen zuwenden und zunehmend Wert darauf legen, von ihnen akzeptiert zu werden. Es ist die Zeit, in der das Kind vermehrt lernen muß, sich zu beherrschen, Spielregeln zu akzeptieren. Hier zeigen hyperkinetische Kinder eine ausgesprochene Schwäche. Dieser soziale Lernprozeß fällt ihnen sehr schwer. In einer Zweierbeziehung kommen sie noch ganz gut zurecht. Aber je größer die Gruppe wird, desto weniger gelingt es ihnen, sich einzuordnen.

Auch zu Hause ist das so. Mit Mutter oder Vater allein sind die Kinder noch zu ertragen, aber kaum sind beide Eltern da, oder Schwester oder Bruder, kommt es zu Spannungen und Streit. Ganz schlimm wird es, wenn eine Party stattfindet, dann ist das Kind nicht mehr zu halten. Das Schlimmste ist, daß das Kind recht oft versucht, etwas ganz besonders gut zu machen. Es mißlingt ihm dann aber ganz besonders gründlich, und es wird wieder ausgelacht.

Das dissoziale Verhalten des Kindes wird von der Gemeinschaft besonders der Gleichaltrigen unnachsichtig bestraft. Auslachen, Nichtmitspielen-Lassen ist noch harmlos. Da sagt einer zum hyperkinetischen Kind: »Ach, du bist ja schlecht, du kommst nicht ins Gymnasium«, und das zu einem Jungen, der der Intelligenteste in der Familie ist, der sich spontan Lesen und Rechnen beigebracht hat, ehe er in die Schule kam. Die Kinder laufen weg, wenn er sich nähert, weil er ihnen *zu hektisch* ist.

Je mehr das Kind durch sein Verhalten ins soziale Abseits gerät, desto verzweifelter wird es versuchen, die Anerkennung der Kameraden zu gewinnen. Hier spätestens ist der Punkt erreicht, wo die Kinder nicht mehr nur durch Clownerien auffallen, sondern wo sie zum Beispiel zu stehlen beginnen, um ihre Freunde zu beschenken und sich somit Liebe zu erkaufen, und wo sie sich auch zu anderen Missetaten hinreißen lassen, auch wiederum, um aufzufallen. Aber leider führt das nur bei einer kleinen Gruppe Gleichgearteter zu Beifall, was wiederum ihre Anstrengungen erhöht, doch irgendwann einmal etwas zu vollbringen, was das Erstaunen aller hervorruft.

Hier eine Serie von Eintragungen, die deutlich zeigt, wie sich das Gewitter über einem Kind zusammenbraut, weil die Lehrerin mit seinem Verhalten nicht mehr fertig wird.

Bernhard stört derart den Unterricht, daß er morgen in der sechsten Stunde bis 13 Uhr bei mir nachsitzen muß.

Das Benehmen von Bernhard stört den Arbeitsverlauf im Unterricht.

Bernhard stört durch Schwätzen, Dummheitenmachen und sehr auffälliges Betragen dauernd den Unterricht.

Ich bitte darauf hinzuwirken, daß Bernhard wenigstens seine Hausaufgaben richtig und ordentlich macht. Bessert Bernhard sein Verhalten nicht, so sehe ich mich leider gezwungen, einen Verweis auszustellen (das wäre dann der erste Verweis, den ich in meinen neun Dienstjahren ausstellen muß).

Bernhard mußte heute nachsitzen, weil er als einziger nicht fähig war, auf dem Gang in einer Zweierreihe zu gehen, sondern beim Dummheitenmachen selbst umfiel und dabei noch seinen Nachbarn mitriß. Wenn Bernhard sich morgen nicht den ganzen Vormittag vernünftig benimmt, so muß ich ihn von unserer Weihnachtsfeier am Freitag ausschließen. Ich sehe nämlich nicht ein, daß eine ganze, sehr höfliche, anständige, guterzogene Klasse leiden soll unter den störenden Äußerungen eines absolut ungezogenen und unerzogenen, rüpelhaften und vorlauten Schülers, der in diesem Alter nur in einer Sonderschule für schwererziehbare Kinder anzutreffen ist. Sollte sich sein Verhalten trotz meiner Ermahnung und des noch folgenden Verweises weiterhin nicht bessern, so muß ich darauf hinwirken, daß Bernhard in eine entsprechende Sonderschule eingewiesen wird.

Was sich hier alles aufeinandertürmt, ist wirklich tragisch. Der Junge ist einfach nicht in der Lage, stillzusitzen oder aufmerksam mitzuarbeiten. Sein Verhalten muß aufregend gewesen sein, sonst hätte die Lehrerin nicht das für sie offenbar sehr ungewöhnliche Mittel des Verweises angedroht. Aber das ist noch nicht alles. Er sollte auch von der Weihnachtsfeier ausgeschlossen werden, eine äußerst harte und unangemessene Strafe für das Kind. Und zu allerletzt wurde noch festgestellt, daß das Kind nicht nur ungezogen, sondern auch unerzogen ist. Der Mutter wird jetzt bestätigt, daß auch sie versagt hat.

Sehen wir uns nun das Kind Cornelius an, das an einem ganzen Bündel von Verhaltensweisen leidet, die ihm und den anderen das Leben schwermachen. Hier ist der Bericht seiner Lehrerin:

Cornelius ist seit über einem Jahr Schüler meiner dritten, nun vierten Klasse. Schon in den ersten Tagen fiel er durch sein Verhalten auf. Seine Sprechweise ähnelt der eines Vorschulkindes, er weinte wegen jeder Kleinigkeit, war ständig in Streitereien mit Mitschülern verwickelt, arbeitete überdurchschnittlich langsam. Als ich die Kinder sich setzen ließ, wie sie wollten, setzte sich Cornelius alleine. Ich wollte ihm dann einen Nachbarn geben, aber jeder, den ich dazu überreden wollte, antwortete: »Neben den setze ich mich nicht!« Der Schüler stand also außerhalb der Gemeinschaft, und alle Integrationsbemühungen waren zwecklos. Ich sah anfangs die Verhaltensauffälligkeiten als Folge davon, daß der Schüler zu früh eingeschult worden ist und ein sehr großes Defizit in der Reife aufwies bzw. daß seine geistige Entwicklung keineswegs dem übermäßigen Längenwachstum entsprach. Die Leistungen waren von Anfang an sehr mäßig. Je länger ich das Kind beobachtete, um so mehr entdeckte ich, daß Cornelius keine fünf Minuten konzentriert arbeiten kann, stets in größter Unruhe ist und mal nach links, mal nach rechts hampelt, auf dem Stuhl schaukelt, sich über den Tisch flegelt und unentwegt mit irgendeinem Gegenstand spielt. Wochenlang brachte er Spielzeug im Schulranzen mit, das er nicht nur in den Pausen herausholte, sondern auch im Unterricht. Ein striktes Verbot führte zum Tändeln mit Spitzer, Lineal, Stiften etc. Strafen bewirkten keine Besserung, riefen nur Aggressivität hervor, die sich nicht mir, sondern Mitschülern gegenüber äußerte. Er wirft dann mit ordinären Ausdrücken aus dem Sexualvokabular um sich, erfreut sich einer Gossensprache, die dem häuslichen Bereich sicherlich nicht entstammt. Unterrichtsstoffe, denen andere Kinder mit großem Interesse entgegentreten, lassen ihn völlig ohne innere Anteilnahme. Er interessiert sich auch nicht für Geschichten, die am Ende eines Tages in den letzten zehn Minuten vorgelesen werden. Neulich störte ein Schüler beim Vorlesen, ich schickte ihn hinaus, da meldete sich Cornelius: »Darf ich auch hinaus?« Sport, Zeichnen, Werken sind die einzigen Fächer, bei denen er sich ein wenig einsetzt und die auch Erfolge zeitigen. Allerdings ist auch hier die Ausdauer stark begrenzt. Cornelius' Leistungen bewegen sich zwischen 4 und 5; dabei könnte er begabungsmäßig gut im Feld 3 bis 4 liegen. Er hört das meiste, was erklärt wird, nicht, da er ständig mit Hampeln und Spielen zu tun hat. Er weiß oft keine Antwort, nur weil er die Frage nicht gehört hat. So ist Cornelius für die Klasse eine Belastung. Er muß das zehnfache Maß im Gegensatz zu den Mitschülern gemahnt werden. Zwei Minuten später ist alles vergessen, er spielt wieder, schreit unkontrolliert seine Zwischenbemerkungen heraus, bezeichnet Anordnungen als Scheiß und eckt natürlich durch dieses Verhalten nicht nur bei Lehrern, sondern auch bei Mitschülern an. Im letzten Heimatkundeeintrag, der in Abschnitten von der Tafel abgeschrieben werden durfte, machte Cornelius 42 Fehler, während der Fehlerdurchschnitt der Klasse bei 6 bis 7 lag.

An dieser Geschichte fällt wiederum auf, wie extreme Unruhe und deutliche Konzentrationsunfähigkeit zu miserablen Schulleistungen führen, die in keinem Verhältnis zur Begabung stehen, und wie ein schlechtes Verhältnis zu den Kameraden entsteht.

Aggressivität

Die Aggressivität des hyperkinetischen Kindes wird ganz deutlich in der Schilderung des Verhaltens der neunjährigen Elisabeth.

Dieses Mädchen hatte in der zweiten Klasse, als sie in der Sprechstunde erschien, in allen Fächern sehr gute Schulleistungen aufgewiesen, obwohl sie »häufig abgelenkt war«. Sie fertigte schriftliche Arbeiten mit großem Fleiß und zügigem Arbeitstempo an. Sie lernte leicht und zeigte großen Ehrgeiz. Die Aufmerksamkeitsschwäche und mangelnde Ausdauer standen nicht im Vordergrund. In der Schule brachte sie stark wechselnde, im großen und ganzen aber erstaunlich gute Leistungen zustande. Sie war sehr zappelig und schlief sehr unruhig, was aber in der Schule und zu Hause hingenommen wurde.

Elisabeth war das erste von drei adoptierten Kindern. Die Mutter ist Sozialarbeiterin.

Was nun bei Elisabeth wirklich gravierend zu Buche schlug und fortwährend zu Zwischenfällen in der Schule führte, war ihre Aggressivität. Sie war sehr unbeherrscht, sehr wenig belastbar, überhaupt nicht frustrierbar. Sie explodierte ständig, war extrem jähzornig. Sie ging zum Beispiel auf einen Lehrer mit dem Stuhl los, zerriß im Zorn ihre Kleider und verwüstete ihr Zimmer mehrmals. Sie war so gefürchtet, daß andere Eltern ihre Entfernung aus der Schule verlangt hatten, weil sie ihre Kinder gefährdet sahen.

Sie beschmutzte ihr Höschen und näßte auch tagsüber ein. Zweihundert Stunden Spieltherapie hatten keine Besserung herbeigeführt. Die Eltern waren so verzweifelt, daß sie nur noch einen Ausweg sahen, nämlich, das Kind in ein Erziehungsheim zu bringen. Hier handelt es sich also um ein Kind, das vor allem durch seine Aggressivität aufgefallen war. Da die Mutter ein HKS vermutete, kam das Kind zur Durchuntersuchung in eine kinderpsychiatrische Abteilung einer großen deutschen Universitätsklinik. Dort bescheinigte man ihr abschließend, es hätten sich »keine Hinweise auf eine hirnorganische Störung bei dem Kind ergeben. Die von den Eltern beschriebene Unruhe und Affektlabilität scheint in erster Linie psychogen bedingt zu sein, so daß aus unserer Sicht nichts gegen eine Fortführung der bereits begonnenen psychotherapeutischen Behandlung spricht.«

Da das Kind im ersten Lebensjahr wirklich extrem vernachlässigt worden war, häufig die Bezugsperson wechselte und erst mit vier Jahren in die Familie der Adoptiveltern kam, bot sich eine solche Erklärung an.

Hier wird deutlich, daß eine besondere Verhaltensstörung, nämlich die Aggressivität, die gemeinhin ausschließlich für einen Ausdruck einer neurotischen Störung gehalten wird und für die deshalb psychodynamische Verfahren empfohlen werden, ebensogut die vordergründigste Ausdrucksversion eines hyperkinetischen Syndroms sein kann. Die anderen Symptome bleiben deshalb im Hintergrund, so daß sie in ihrer diagnostischen Bedeutsamkeit untergehen und nicht erkannt werden.

Wahrnehmung und Sprache

Wahrnehmung – alles, was wir an Informationen aus der Umwelt aufnehmen und verarbeiten – ist abhängig von unserer Aufmerksamkeit. Informationen, die wir wahrnehmen und verarbeiten, bilden einen Teil unseres Gedächtnisses. Da hyperkinetische Kinder in ihrer Aufmerksamkeitsfähigkeit gestört sind, ist die Folge davon auch eine eingeschränkte Wahrnehmungsfähigkeit. Diese Kinder betasten alles oberflächlich – erhalten also weniger Informationen über den Spürsinn; sehen oberflächlich hin – erhalten so weniger Informationen über die optische Beschaffenheit ihrer Umwelt; hören ungenau hin – erhalten nur bruchstückhafte Informationen des akustischen Angebots. Alle diese Stimuli aus der Umwelt sind aber erforderlich, damit ein Kind sich ungestört entwickeln und lernen kann.

Viele HKS-Kinder zeigen mehr oder weniger Auffälligkeit in den Bereichen der Wahrnehmung. Oft können intelligente oder weniger aufmerksamkeitsgestörte Kinder Defizite kompensieren bis sie zur Schule kommen oder auch noch während der ersten Schuljahre. In der Schule fallen sie nicht nur auf wegen ihrer Unruhe, sondern auch weil sie sich die Hausaufgaben schlecht, falsch oder gar nicht merken – sie hören nicht zu. Beim Abschreiben von der Tafel oder aus dem Buch müssen HKS-Kinder immer wieder hinschauen; bei geübten Diktaten machen sie zum Ende hin trotzdem eine Unmenge Fehler.

Hyperkinetische Kinder bringen es fertig und schreiben ein und dasselbe Wort auf x-verschiedene Art, d. h. ihre Fehlerart ist nicht konstant. Beim Zeichnen und Werken sind sie ungeschickt und geben schnell auf, weil sie keinen Erfolg haben. Auch die hier geforderten taktil-kinästhetischen Leistungen erfordern ja Aufmerksamkeit.

HKS-Kinder zeigen in allen Wahrnehmungsbereichen Defizite. Vorausgesetzt, daß nicht gleichzeitig eine Teilleistungsstörung vorliegt, sind alle Wahrnehmungsbereiche gleichermaßen betroffen.

Im Kleinkindalter ist es sehr viel schwieriger von einem HKS zu sprechen, da auch häufig Kinder mit Störungen im taktil-kinästhetischen Wahrnehmungsbereich eine erhöhte motorische Unruhe zeigen. In der Regel zeigt aber eine früh eingeleitete, gezielte Ergotherapie recht bald Erfolge. Nicht so bei HKS-Kindern. Schon hier wird deutlich, daß hyperkinetische Kinder große Leistungsschwankungen aufweisen; ein kontinuierlicher Fortschritt und konstanter Erfolg der Ergotherapie meist ausbleiben.

Wenn wir uns verdeutlichen, daß wir für den Erwerb und den Gebrauch von Sprache ein hohes Maß an Wahrnehmungs- und Verarbeitungsfunktionen einsetzen, z. B.: fühlen – hören – sehen, ist es nicht erstaunlich, daß hyperkinetische Kinder auch hier Defizite aufweisen. Sie zeigen meist Sprachschwierigkeiten auf allen Ebenen. Angefangen mit fehlerhafter Lautbildung über fehlerhafte Grammatik bis hin zu einem zu schnellen Sprechablauf, Satzabbrüchen und Schwierigkeiten bei der Wortfindung. Die Stimme der HKS-Kinder ist meist sehr hoch, beinahe schrill, wenn sie aufgeregt sind. Während des Sprechens »springen« sie von einer Sache zur anderen, so daß der Hörer ihren Gedankensprüngen kaum folgen kann. Bei Erzählungen oder Berichten fehlt meist das Wesentliche, so daß zuhören sehr anstrengend ist. Von Eltern, aus dem Kindergarten oder der Schule, hört man immer wieder, daß die HKS-Kinder »so nuscheln«, »sich nicht verständlich ausdrücken«, »am Thema vorbeireden«, »Bruchstücke aneinanderreihen«, »so schnell sprechen« und ähnliches mehr.

Einkoten und Einnässen

Auch das Einkoten und das Einnässen am Tag und nachts bei älteren hyperkinetischen Kindern ist ein nicht seltenes Symptom, das nach allgemeiner Überzeugung meist Ausdruck nur psychoanalytisch aufzulösender krankhafter seelischer Prozesse ist – wenn es sich nicht um die raren Fälle anatomischer Veränderungen am Mastdarm oder an der Blase handelt, die ohne große Schwierigkeiten medizinisch abgeklärt werden können. Es ist ja bekannt, daß das nächtliche Einnässen eher als verzögerter Reifungsprozeß zu betrachten ist, während das Tageseinnässen, besonders wenn es nach erfolgter Sauberkeit wieder auftritt, ernster zu bewerten ist.

Der Max-und-Moritz-Typ

Recht gut kaschiert, pflegt sich die wahre Natur eines hyperkinetischen Kindes besonders dann zu verbergen, wenn es sehr intelligent und charmant ist und noch dazu gut aussieht. Bei solchen Kindern neigt man dazu, extreme Unruhe, kurze Aufmerksamkeitsspanne und Störverhalten als fast liebenswerte Eigenschaften abzutun. Da es niemand bremst und es wegen seiner guten Intelligenz spielend ins Gymnasium überwechseln kann, glaubt es, auch dort ginge es wie im Spiel weiter. Die höheren Anforderungen kann es aber nun nicht mehr nebenbei kompensieren. Es kommt dann sehr häufig schon zum Scheitern in der Probezeit oder im ersten Schuljahr des Gymnasiums. Jetzt ist aus dem lustigen Springinsfeld ein trauriger Tropf geworden. Hier nun die Geschichte eines solchen Kindes.

Frederik war immer schon extrem unruhig gewesen. Zu Hause hatte man das nicht sehr lästig empfunden, weil Großmutter und Mutter des Kindes auch sehr unruhige Geister gewesen waren. In der Schule störte Frederik den Unterricht durch originelle Späße, die zunächst den Beifall der Schüler und beinahe wohlwollende Kritik der Lehrer fanden, aber allmählich von Schülern und Lehrern immer weniger akzeptiert wurden. Er machte sich so unbeliebt, daß er sich zum Schluß gezwungen sah, die Rolle des Klassenclowns zu übernehmen. Bei der Arbeit war er sehr schlampig und unkonzentriert. Trotzdem hatte er in der Grundschule noch sehr gute Leistungen. Sein Intelligenzquotient wurde in der Erziehungsberatung dreimal bestimmt und lag jedesmal um 136. Wegen seines Verhaltens in der Schule und weil er »das ganze Familienklima durcheinanderbrachte«, hatte man ihn dorthin geschickt. Er hatte nämlich solche Tobsuchtsanfälle, daß sich die Geschwister verkrochen.

Im Gymnasium wurde seine Stellung in der Klasse zusehends fraglicher. Seine Streiche sind das Produkt aus Orginalität und hyperkinetischer Impulsivität. Er sieht aus wie Max oder Moritz von Wilhelm Busch. Die – wie sich später zeigen wird – leider nur vordergründige barocke Heiterkeit des Kindes wirkt ansteckend. Daß er seinen Schulweg über den Güterbahnhof wählt, wo er eine Schlußscheibe von einem Güterwagen, Schienenprofile, Schwellennägel und Briketts zusammensucht und heimschleppt, ist nur für die Schulhefte ein Schaden. Daß er vom eben abgemessenen Neubaugebiet in der Dämmerung alle Meßpfähle ausreißt und verbrennt, mag als »Bürgerinitiative« verständlich sein. Aber daß er der Großmutter, die ihn dauernd rügt, obwohl sie selbst in ihrer Kindheit wegen ihrer Streiche gefürchtet war, in ihrem Garten eine »Elefantenfallgrube« baut, damit sie hineinfällt, ist schon weniger fein. Am Waldrand entstand unter seiner Hand ein perfekter Kohlenmeiler, den er anzündete und, da er »ja dabei war«, das Ganze für absolut gefahrlos hielt. Einmal bedeckte er den Boden des Schülerklosetts mit Schmierseife, denn »sie brauchen ja nur nicht so zu rasen, dann gleiten sie schon nicht aus«.

Er sollte Sätze mit Hilfszeitwörtern bilden, und das trug der Mutter eine Mitteilung ein, daß ihr Sohn Obszönitäten in sein Heft geschrieben habe. Das sah so aus:

Ich habe Masern. Ich habe Pogribbeln. Ich habe einen süßen Schatz. Ich habe Hodenbrennen. Ich bin blöd. Ich mag am liebsten blöd sein. Ich bin ein Kanibale. Ich möchte noch blöder sein. Ich bin ein Blödmann. Ich mag am blödsten sein. Ich bin nicht mehr blöder als meine Lehrer. Ich kann nicht blöder als Hubert L.

Nur eine seiner Untaten wurde von den Lehrern selbst provoziert. Als ihn nämlich einmal ein Lehrer am Kragen packte und ihn fragte, was er in der Unterrichtszeit auf dem Flur zu suchen hätte, stellte der Bub die Gegenfrage: »Das wissen Sie schon, daß ich Ihnen sofort eine herunterhauen kann!« Man hatte den Schülern gesagt, daß man nur in den ersten drei Sekunden, in den »Schrecksekunden«, zurückschlagen dürfe und man dann nicht bestraft würde. Der Bub hatte auf seine Weise die Nutzanwendung aus dieser Lehre gezogen.

Soweit hört sich diese Geschichte ganz lustig an. Frederic scheint ein heiterer Witzbold zu sein. Zu Hause aber, in einer stillen Stunde, war er »oft kreuzunglücklich«, konnte abends lange nicht einschlafen und »frißt im Übermaß«.

Etliche hyperkinetische Kinder demonstrieren eine augenscheinliche Heiterkeit. Nichts scheint sie zu berühren, weder schlechte Schulleistungen noch die Abfuhr, die sie sich bei den Kameraden holen. Sie scheinen nicht darunter zu leiden, daß sie allein bleiben müssen. Nur gelegentlich zeigt eine beiläufige Bemerkung den Eltern, daß sie innen zutiefst unglücklich sein müssen.

Diese Heiterkeit bei miserablen Leistungen, das Nicht-zeigen-Wollen, daß sie wahrscheinlich mit sich selbst gar nicht zufrieden sind, bringt nicht wenige Beobachter auf die falsche Spur. So meinen viele Lehrer und auch nicht wenige Eltern, das Kind will nur nicht, und wenn es wollte, könnte es bessere Leistungen erbringen.

Ein ähnlich überdurchschnittlich intelligenter Junge, der in der Sonderschule für Verhaltensgestörte landete, weil die Lehrerin mit ihm nicht fertig wurde, obwohl er zu den besten Schülern gehörte, saß gelegentlich ruhig da und starrte traurig vor sich hin. Gefragt, was denn mit ihm los sei, meinte er lakonisch:»So traurig bin ich.« Wieso? »Ich denke über meine Bosheit nach.«

Ein immer zu Späßen aufgelegtes, immer lustiges hyperkinetisches Kind versteht es sehr gut, seine positiven Seiten in den Vordergrund zu stellen. Man hält auch gerne seinen Unwillen, etwas für die Schule zu tun, und seine Unfähigkeit, in altersentsprechender Weise mitzuarbeiten, für eine Art Jungenstreich. Wer diese Kinder genauer kennt, weiß, daß es kein Übermut, sondern eher ein Mindermaß an Mut, Ausdruck von Verzweiflung ist, die einen vierzehnjährigen Buben einen Brief an seine Eltern mit dem Satz beenden ließ:»So helft mir doch!«

Die Hypo-Aktiven

In diesem Zusammenhang sollte auch der *Stillen im Lande* gedacht werden. Das sind vor allem die hyperkinetischen Mädchen, die still und bemüht ihre Arbeit tun, sich schrecklich anstrengen und trotzdem im Diktat fünf- bis zehnmal soviel Fehler machen wie die Nachbarin und dabei in der Schule von Jahr zu Jahr absinken, obwohl sie überhaupt nicht zappelig sind.

Sie bieten dasselbe Erscheinungsbild, dieselben Symptome, nur mit dem einen Unterschied, daß sie nicht unruhig wirken. Auf diese Weise fallen sie nicht auf. Oft haben sie hyperaktive Brüder und pflegen nun, um Beachtung zu erlangen, das andere Extrem. Wegen ihrer Konzentrationsstörungen, ihres abnormen Sozialverhaltens – kaum freundlich, zu Hause ruppig bis explosiv – und ihrer zunehmenden Isolation geraten sie allmählich in ernste Schwierigkeiten. In der Schule fallen sie höchstens als »unbegabt«, »leistungsschwach« auf. Sie sind bald die Schlußlichter der Klasse.

Man kann sich vorstellen, was es für solch ein Mädchen bedeutet, das weiß, daß es nicht dumm ist und das sicherlich gern als gute Schülerin anerkannt sein möchte, wenn ein solches Verdikt fällt. Es fühlt sich von der Umwelt unverstanden und wird traurig, verschlossen und gehemmt. Es wird mit seinen Schwächen nicht fertig.

Bei der achtjährigen Gabi stehen im Vordergrund des Klagenkataloges:

Finger- und Nägelkauen; hat die Finger ständig im Mund und steckt alles in den Mund; sehr spät sauber geworden; mit sechs Jahren immer noch regelmäßig Häufchen in der Hose; während der ersten fünf Jahre war sie keinerlei Zärtlichkeiten zugänglich (erst als der Bruder kam, wurde sie etwas anhänglicher und schmusiger); immer Langeweile, kippte alle Spielsachen auf einen Haufen; spielte nur mit jüngeren Kindern, da sie dort den Ton angeben konnte; war sehr selten fröhlich, häufig verdrossen und unzufrieden.

Erst eine weitere Befragung der Mutter brachte zum Vorschein, was für sie nicht wichtig war, was aber den Kern der kindlichen Verhaltensstörung bloßlegte. Nämlich die typischen Erscheinungen eines hyperkinetischen Kindes:

Sehr unkonzentriert; vergißt immer wieder die Hausaufgaben; sehr schlechtes Schriftbild – unsicher und krakelig; Zahlen bis Mitte des zweiten Schuljahres sehr häufig verkehrt; verwechselt »d« und »b« in der Druckschrift; liest nicht, höchstens Asterix; findet verlegte Schuhe und Haarspangen nicht; unzufrieden, mault, schimpft, schnell beleidigt; gibt etwas Schwieriges (Rechnen, Geige) schnell auf, kommt sich dumm vor; die Kinder lachen über sie in der Schule; hat gesagt, sie wolle nicht mehr leben; malt selten, die Bilder entsprechen nicht ihrem Alter; Umgang mit Messer und Gabel schwerfällig und umständlich; trotzdem ist die Lehrerin mit den Leistungen des Kindes zufrieden.

Hier haben wir eine sichtbare Symptomatik des HKS, die aber von der Mutter nicht wahrgenommen wird, weil die zuerst genannten Beschwerden sie sehr viel mehr beunruhigen.

Depressive Verstimmungen – Mutlosigkeit

Depressive Verstimmung steht bei einigen hyperkinetischen Kindern ganz im Vordergrund.

Die Mutter des fast elfjährigen Hans hat die wichtigsten Beobachtungen über ihr Kind in einem Notizbuch niedergelegt. Neben allen anderen typischen Erscheinungen, wie extremer Unruhe, krassem Störverhalten und sehr kurzer Aufmerksamkeitsspanne, kommt hier etwas zum Vorschein, was sehr beunruhigen muß. Nämlich die gehäuften Äußerungen von Hans über die mit Selbstmord zusammenhängenden Umstände. Aber lassen wir ihr Tagebuch sprechen:

Selbst bei gutem Willen, den der Lehrer erkennt, kann Hans nicht 45 Minuten auf seinem Platz bleiben. Er steht oft auf, krabbelt unter den Bänken entlang und verläßt den Raum.

Kaspereien; Hans versucht auf sich aufmerksam zu machen, Mittelpunkt zu sein.

Der Musiklehrer, der Hans von 1973 bis 1978 unterrichtete, gibt an, daß sich Hans nicht länger als 15 Minuten konzentrieren kann. Er lehnt es schließlich ab, Hans weiter Unterricht zu geben, da er seine Hausaufgaben zu nachlässig behandelt oder gar ohne Hausaufgaben in den Unterricht kommt.

Hans geht gerne zur Schule; er meint, dort lerne er jeden Tag etwas Interessantes.

Die Lehrer im dritten und vierten Schuljahr haben sehr viel Verständnis für Hans. Obwohl er keine Ausdauer hat und sich nicht konzentrieren kann, bringen die Lehrer es fertig, ihn zur Mitarbeit anzuhalten, sein Interesse immer wieder zu wecken, seine Hilfsbereitschaft oft einzusetzen und seine Neugier auf Neues zu erhalten. Zugleich wirbt der Klassenlehrer in der Klasse immer wieder um Verständnis für Menschen anderer Hautfarbe, anderer Art, Behinderte, geistig Kranke usw., so daß Hans dort noch Erfolg in den Klassenarbeiten und im Unterricht hat, und daß seine Schulkameraden ihn so nehmen, wie er ist.

Aus dem Gymnasium kommen dann Klagen am laufenden Band: keine Konzentrationsfähigkeit; Hans stört im Unterricht, ist laut, foppt die Mitschüler, folgt dem Unterricht nicht mehr. Hans schreibt unlogische Aufsätze, sehr schlechte Rechtschreibung, macht keine Aufgaben in Englisch, ungeordnet im Denken, unordentlich überall, vergißt Bücher und Hefte. Nun kommen auch die ersten Angstträume, zum Beispiel: »Alle sind tot«, »Einbrecher«.

Hans: Am liebsten wäre ich nicht am Leben. Allen mache ich es nicht recht, und sie schimpfen mit mir. Am liebsten würde ich nicht mehr leben, Mama, weil ich immer so ohne Freude bin (auch wenn ich lache). Warum sind alle Kinder normal und ich nicht. Ich will nicht mehr leben, wozu soll ich noch leben, alles was ich mache, ist falsch, es ist besser, wenn ich tot bin. Ihr habt nur Ärger mit mir. Ich sage ihm, daß ich viel mehr Freude als Ärger durch ihn habe, und daß ich froh bin, Hans zu haben. Er nimmt die Worte kaum auf. Hans: Ich werde nicht zwanzig Jahre alt, ich habe keine Freude am Leben, alle Kinder sagen von mir, daß ich doof bin. Ich erinnere ihn daran, wie viele Erwachsene ihn gut finden und ihn lieben, zum Beispiel seine Großmutter, seine Tante, die Nachbarin aus unserem Haus und sein Lehrer in der Grundschule und seine Mama.

Hans kommt weinend nach Hause: Heute möchte ich es tun. Den ganzen Tag habe ich Pech gehabt. Der Hund hat mich gebissen, weil ich ihm auf die Pfote getreten bin, eine Katze hat mich gekratzt, und als ich sie am Schwanz packte, um sie wegzuziehen, hat mich ein Mann ganz fürchterlich ausgeschimpft. Und meine Beule am Kopf tut so weh.

Hans und ich unterhalten uns beim Frühstück über körperlich behinderte Kinder, Tötung, Selbstmord durch Springen vom Hochhaus. Wie weit reicht die Feuerwehrleiter, fragt er (falls sich der Kandidat noch nicht gleich entschließen kann, zu springen)?

Wie kommt er unten an, ist er tot? (Ist er sicher tot?), er sagt, daß er weiß, daß die Feuerwehrleiter nicht bis zum obersten Stockwerk reicht.

Abschließend noch ein Brief, den sein Bruder seiner Mutter schrieb.

Er erfüllt die ihm auferlegten Pflichten nicht, so daß ich auch diese noch erledigen muß. Er nimmt sich alle Sachen, die er braucht, aus meinem Zimmer und gibt sie nicht zurück. Er ist überheblich, er stört mich dauernd.

In den letzten fünf Jahren war das Kind immer wieder zu psychiatrischen Untersuchungen und psychologischen Abklärungen in der Poliklinik einer großen deutschen Universitätsklinik. Die neurologischen Untersuchungen und das EEG hatten keine greifbaren Befunde zutage gefördert. Spieltherapie war auch erfolglos. Tranquilizer verschlimmerten die Symptome, anstatt sie zu bessern.

Nun sind jedem erfahrenen Kinderarzt Selbstmorddrohungen älterer Kinder bekannt. Sie sind typisch für die endogenen Depressionen. Sie sind jedoch nicht typisch für HKS-Kinder, obwohl sie bei diesen dennoch relativ häufig zu hören sind und – wie immer – ernst genommen werden müssen. Sie sind sehr oft verborgen hinter einem betont forschen Auftreten.

So hatte eine Lehrerin, die ein zwölfjähriger Junge einmal eine »doofe, bescheuerte Sau« titulierte, gesagt, er möge sich doch bei dem nächsten Aufsatz anstrengen, denn es würde die Rechtschreibung mitbewertet. Darauf der Bub lakonisch: »Was soll ich mich anstrengen, ich nehme mir doch bald das Leben.«

Jedem, der viele dieser Kinder bzw. ihre Eltern befragt hat, ist bekannt, daß bei längerem Bestehen dieser Verhaltensstörungen immer häufiger solche Gedanken geäußert werden. Es ist erstaunlich, was Kinder hinzunehmen imstande sind, und es ist deshalb kein Wunder, daß sie gelegentlich Selbstmordgedanken haben. Diese ununterbrochene Kette von Erlebnissen des Mißerfolgs, der Rügen, des Gemaßregeltwerdens, der Ablehnung, vor allem durch die Kameraden – das muß das stärkste Gemüt mürbe machen. In dieselbe Richtung geht möglicherweise der Versuch davonzulaufen.

Da ist dieser zehnjährige Junge, Ingo. Vorsorglich hatte er schon Monate vorher größere Geldbeträge entwendet und mit unglaublicher Sorgfalt einen Koffer gepackt und versteckt. Da mir das Kind seit seiner Geburt bekannt war und die Mutter nie Klagen äußerte, dachte ich an ein schweres psychiatrisches Krankheitsbild und wollte das Kind sofort an eine kinderpsychiatrische Institution weiterleiten. Da aber dort kein Termin frei und Gefahr im Verzug war, setzten wir uns zu einem sehr langen Gespräch zusammen. Erst dann kam heraus, daß das Kind seit Jahren an den für die konzentrationsgestörten Kinder typischen Symptomen litt, was die Eltern aber nicht deuten konnten.

Das folgende Dokument stammt von einem vierzehnjährigen Mädchen, Karin, die vom ersten Schultag an die typischen Beschwerden hatte und jetzt – in der siebten Klasse des Gymnasiums – »am Ende« war und für immer von zu Hause fort wollte. Sie war von Jahr zu Jahr in der Schule immer schlechter geworden und sollte nun die siebte Klasse wiederholen. Zwei Intelligenz-Einzeltests hatten ihr einen Intelligenzquotienten von 133 bzw. 125 bescheinigt. An sich ist das Wiederholen kein Unglück, sondern für viele Kinder eine Chance. Sie wird von vielen als solche erkannt und deshalb begrüßt. Aber wenn das Kind unglücklich darüber ist, dann ist es ein wirkliches Unglück und sollte von allen Beteiligten als solches betrachtet werden.

Verzweifelt entschlossen, das Elternhaus zu verlassen, schrieb sie eine Liste aller Dinge, die sie mitnehmen wollte.

Auf die Rückseite des Blattes hatte sie geschrieben:

Absender:

Eine verzweifelte Karin, die nicht weiß, was sie tun soll. Wie soll ich eigentlich noch weiterleben, warum soll ich eigentlich weiterleben, warum eigentlich? Mich mag doch sowieso keiner.

Bitte sagt denen in der Klasse nicht, daß ich abgehauen bin, ich habe schon meine Gründe. Ihr könnt in der Schule ja sagen, ich sei jetzt krank. Ich nenne mich auf jeden Fall anders. Den Schlüssel von Eurem Haus habe ich mitgenommen.

Nun wird allgemein angenommen, daß die Eltern wie die Erzengel beim Jüngsten Gericht an der Tür stehen, wenn das Kind mit seinen Schulzeugnissen heimkommt. Es ist sehr einfach, dies zu unterstellen, denn – so läßt sich argumentieren – sonst würden ja die Kinder nicht so schrecklich Angst haben.

Obwohl man natürlich nie genau erfährt, was zu Hause alles »läuft«, kann ich mich doch des Eindrucks nicht erwehren, daß die Einstellung der Eltern heute sehr viel großzügiger ist als früher. Unzählige Äußerungen von Kindern und Eltern erlauben mir diesen Schluß. Da besonders größere Kinder, wenn sie es wünschen, bei den Beratungen mit im Sprechzimmer sitzen, erscheint es mir unwahrscheinlich, daß Eltern sich im Licht erzieherischer Milde darstellen können, ohne von den Kindern, freimütig wie sie heute sind, korrigiert zu werden, und sei es nur durch ein leises Mienenspiel. Hier noch einige kindliche Aussagen wörtlich:

Meine Eltern sind gar nicht streng.

Ich werde nicht geschimpft, wenn ich schlechte Noten heimbringe, aber ich ärgere mich selber darüber.

Mir ist es einfach unangenehm, meinen Eltern weh zu tun.

Ich weiß, daß ich meinen Eltern Sorgen bereite, wenn ich so schlechte Noten heimbringe.

Daß Kinder einer konsequenten Führung gar nicht abgeneigt sind, zeigt folgende Äußerung eines Jungen, den ich gefragt hatte, wie er sich denn erkläre, daß er im ersten Jahr in Latein sehr schlecht, im zweiten sehr gut und im dritten wieder sehr schlecht war. Der Junge: »Im zweiten Jahr hatten wir einen sehr strengen Lehrer, und da mußten wir alle was tun. Trotzdem war es sehr schön. Das gefiel uns; wir mochten den Lehrer.«

Mißerfolg ist schwer zu ertragen, auch ohne äußere Folgen, und zwar um so schwerer, je einsichtiger und intelligenter das Kind ist, je mehr es erkennen kann, daß es eigentlich besser abschneiden könnte, wenn ihm das nur gelingen wollte. In diesem Zusammenhang sei hervorgehoben, wie ehrgeizig sehr viele dieser hyperaktiven Kinder sind. Das klingt unglaubhaft, aber unzählige Kleinigkeiten bei den langen Interviews vor Beginn der Behandlung, bei der Testung sowie bei den weiteren

Beratungen weisen darauf hin, daß die Kinder ganz vehement und mit großem Ehrgeiz danach streben, etwas zu vollbringen – und das möglichst gut.

Extreme Hyperaktivität zu Hause

Das Folgende stammt von Ludwig, einem unvorstellbar hyperaktiven elfjährigen Jungen. Eine vollständige Schilderung seines facettenreichen Wesens würde hier zu weit führen. Deshalb sei stichwortartig wiedergegeben, was am wichtigsten erscheint:

Extrem zappelig. Keine Minute ruhig. Sorgt bei Tisch nur für Aufregung. Verschüttet regelmäßig etwas. Frißt in sich hinein. Strahlt Unruhe aus, sobald er den Raum betritt. Zündelt. Wenn er die Treppe herunterstürzt, ist das nicht nur laut, sondern ungeschlacht und vehement. Spielt um sechs Uhr früh mit Eishockeyschläger im Treppenhaus mit dem Ball.

Hat überhaupt kein Angstgefühl: Ohne schwimmen zu können, sprang er mit drei Jahren ins tiefe Wasser, als Vierjähriger vom Drei-Meter-Brett. Als Elfjähriger stürzte er sich mit dem Kopf voran vom Fünf-Meter-Turm. Unfall mit Fahrrad, weil er, »wie die Rennradfahrer im Fernsehen«, den Kopf herunter zwischen die Schultern steckte und so in ein Auto fuhr, was ihm ein Schädelhirntrauma und einen Spitalaufenthalt einbrachte. Sturz vom Baum. Schätzt Gefahren nicht ab.

Möchte unter allen Umständen der Erste sein: So hat er einmal beim Spiel »Wer-kann-am-längsten-die-Luft-anhalten« es fertiggebracht, so lange nicht zu atmen, bis er bewußtlos zusammensackte, sich eine Platzwunde am Kopf einhandelte und ins Krankenhaus gebracht werden mußte. Mutter geht nicht mehr zum Skifahren, weil sie nicht mitansehen kann, wie unvorsichtig er den Hang hinabrast.

Reißt sich die Haare aus. Kaut Fingernägel. Reißt sich Zehennägel aus, damit es blutet. Sticht sich absichtlich Sicherheitsnadeln durch den Finger. Zerbricht Füller, Lineale und zerreißt Hefte. Kriegt schreckliche Wutanfälle, wenn ihm etwas nicht gelingt; er ist nämlich sehr anspruchsvoll gegen sich selbst und möchte nicht nur beim Basteln oder beim Sport, sondern auch in der Schule unschlagbar sein.

Massenhaft Leichtsinnsfehler. Kurze Aufmerksamkeitsspanne. Absinken in der Schule von Jahr zu Jahr. Schlampigkeit auf allen Gebieten; die in der Schule ausgegebenen Bücher sind im Nu zerfleddert. Wüste Beschimpfungen der Mutter, wenn sie nur eine Kleinigkeit von ihm will.

Die Mutter meinte, wenn sie ihr Kind nicht so liebte und sie nicht wüßte, daß es im Grunde ein lieber Junge sei, der es nicht so meint, könnte sie das überhaupt nicht mehr aushalten.

Die meisten Mütter betonen, die Geschwister seien auch einmal lebhaft, wild oder ausgelassen. Aber dieses eine Kind hätte eine Art und ein Ausmaß an Aktivität in sich, daß es den Rahmen des in der Familie Möglichen sprenge. Es sprengt auch jede Klasse, und es verwandelt jeden Spielplatz in ein Schlachtfeld.

Unfallgefährdung

Die besondere Unfallgefährdung dieses Kindes, bedingt durch sein Wesen, das heißt durch seine Hyperaktivität, seine Impulsivität, seine mangelnde Aufmerksamkeit, ist hier besonders deutlich zu sehen. Wenn man eine normale Kinderarztpraxis führt, ist es immer wieder erstaunlich, wie selten schwere Unfälle vorkommen. Die gehäuften Unfälle bei den hyperkinetischen Kindern dagegen sind auffallend.

Diese Kinder handeln vor allem *unüberlegt*. Dieses Wort ist im allgemeinen Sprachgebrauch mit einem Verhalten verbunden, das zu Unfällen führt. So ist es auch. Diese Kinder nennt man, wenn sie älter und erwachsen geworden sind, »tollkühn«. Man bewundert sie, da sie »keine Angst kennen«. In Wirklichkeit sollte man sie beglückwünschen dafür, daß sie noch am Leben sind. Es ist immer wieder erstaunlich, wie wenig ein hyperkinetisches Kind nachdenkt, ehe es etwas tut. Durch längere Gespräche mit den Kindern, die solch einen schweren Unfall erlebt hatten, erfuhr ich, daß sie weder vorher dachten, daß dabei etwas passieren könnte, noch nachher auch nur einen Gedanken daran verschwendeten, daß ihnen eine ähnliche Gedankenlosigkeit weiteren Schlamassel einbringen könnte.

Ganz typisch ist der schwere Unfall eines Achtjährigen, dem von seinem Großvater einmal eine Fernsehsendung verboten wurde und der deshalb die Wohnzimmertür abgeschlossen hatte. Die Tür hatte eine Glasfüllung. Durch mehrere Versuche, zunächst mit den Fäusten, dann mittels Ellbogen, dann durch Entgegenstemmen, Stoßen und selbst durch Entgegenwerfen ließ sich die Tür nicht bewegen. Der Junge, ein begeisterter Karateschüler, setzte deshalb mit einem zehn Meter langen Anlauf, die ganze Länge des Flurs nutzend, zum Sprung mit den Beinen voraus an und landete dann auch wunschgemäß auf der anderen Seite der Tür, aber leider nur mit den Beinen. Damit er nicht umfiel, mußte er seine Beine schnell zurückziehen und zog sich dabei schwerste Fleischwunden an beiden Ober- und Unterschenkeln zu, so daß er sehr schnell mit dem Notarztwagen ins Krankenhaus gebracht werden mußte und dort nach einer umfangreichen Operation seiner zerfetzten Weichteile drei Monate lang blieb. Ein anderes Kind kam mit sieben Jahren unter einen Lastwagen, erlitt einen Schädelbasisbruch und war vier Tage bewußtlos. Eine andere Mutter sagte,»daß das Kind noch lebt, ist ein Wunder«. Ein Mädchen hatte zwei Armbrüche, zweimal einen bleibenden Frontzahn ausgeschlagen, einen schweren Fahrradunfall durch»zappeliges Fahren«, wonach es acht Stunden bewußtlos war. Ein Junge stellte sich mit fünf Jahren mit ausgebreiteten Armen auf die Straße und hielt die Autos auf. Er fuhr mit voller Absicht und vollem Schwung auf eine Mauer zu und wollte sehen, was da passiert. Er überschlug sich und landete mit mehreren schweren Platzwunden im Krankenhaus. Ein Fünfjähriger sprang vom Fünf-Meter-Turm. Von einem anderen Kind, das mit zwei Jahren ins tiefe Wasser gesprungen war und sehr viele andere Unfälle hatte, sagen bereits seine Schulkameraden, daß es sehr oft hinfalle. Eine andere Mutter schloß die Schilderungen ihres Jungen mit einem Seufzer:»Ich bin froh, daß er noch lebt, er hatte nämlich irrsinnig viele Beinahe-Unfälle.« Ein Vater erzählte von seinem Jungen, daß er beim Skifahren am Ende der Piste über die stark befahrene Autostraße genau zwischen zwei Autos hindurchfuhr, so daß eines stark bremsen mußte – und dies, obwohl er so gut fährt, daß er jederzeit hätte stehenbleiben können.

Probleme beim Sport

Nicht nur die Impulsivität, sondern auch die Folgen ihres mangelnden Sozialverhaltens können Ursache der *Probleme beim Sport* sein. Ein Junge, der aus dem Skikurs gefeuert wurde, hatte den Lehrer und die anderen Kinder ständig gestört, hatte Blödsinn gemacht und dann versucht, durch Clownerien und durch besonders tollkühnes, unvorsichtiges Fahren aufzufallen. Der Lehrer weigerte sich schließlich, das Kind weiterhin im Kurs zu behalten. Ein im Surfen bereits sehr geschickter Junge pflegte jedes kleinste Mißgeschick mit dem Spruch zu quittieren: »Ich bin sowieso ein Idiot.« Man könnte Bände füllen mit Aussprüchen der Kinder, die, von ihrem Versagen beim Turnen oder im sportlichen Spiel enttäuscht, wirklich bedauernswerte Äußerungen ihrer Mutlosigkeit von sich geben.

Wirklichkeit sind die fast in jeder Leidensgeschichte wieder zu hörenden Ausschlüsse aus Sportvereinen, das Nicht-mitturnen-Dürfen, das Übersehenwerden beim Auswählen der Fußballspieler. Erst am Schluß, wenn der Junge, der das Spiel organisiert, alle nur irgendwie brauchbaren Kameraden ausgewählt hat, steht – völlig allein – unser hyperkinetisches Kind im Abseits, die anderen hinter ihren Libero geschart. Und nun kommt das Verdikt:»Ach, du kannst heimgehen, dich können wir nicht brauchen, du störst nur immer – du mit deinen Wutanfällen.«

Affektlabilität

Abgesehen davon, daß diese Kinder durchaus begründet sehr oft niedergeschlagen sind, sei es wegen schlechter Schulzensuren, die sie, wie sie meinen, nicht verdienen, oder wegen der Ablehnung durch die Kameraden, leiden sie unter einer anlagebedingten *Affektlabilität*, also unter großen Stimmungsschwankungen. Bei vielen hyperkinetischen Kindern herrscht eine unglückliche Grundstimmung vor. Manche Kinder verstehen es aber meisterhaft, sich hinter einer gespielten Unbeschwertheit zu verstecken. Bei etlichen hat man sogar den Eindruck, sie seien wirklich vollkommen unbekümmert und heiter. Was immer auch die Grundstimmung sei, sie wird bei fast allen Kindern durch explosive Ausbrüche unterbrochen, die ihresgleichen suchen. Sie ärgern sich zu rasch und in einem Maß, das in keinem Verhältnis zum Anlaß steht. Sie sind nachher unglücklich darüber und sprechen das auch aus. Eine Mutter meinte einmal:»Wenn das Haus kein festes Dach hätte, wäre es sicher schon weggeflogen.« Mehr als einmal haben Eltern berichtet, daß die Kinder sich auch übermäßig freuen; so hieß es einmal:»Er überfreut sich, und er überärgert sich.« In seiner freudigen Erregtheit über irgend etwas wird er so ausgelassen, daß er unerträglich ist. Die Mutter eines sechzehnjährigen Buben berichtete, daß schlimmer noch als seine Tobsuchtsanfälle seine»Lachanfälle« seien. Er könne sich wirklich nicht mehr beruhigen, er käme völlig außer Atem, sei dann naßgeschwitzt, erschöpft, aber nicht glücklich entspannt, sondern ermüdet.

Dieses Nicht-beherrschen-Können der Affekte schadet den Kindern sehr. Es erschöpft sie. Außerdem will niemand mehr mit ihnen ein Gesellschaftsspiel machen, weil sie, drohen sie zu verlieren, alle Figuren vom Tisch fegen.

Mangelnde Frustrationstoleranz

Die Unfähigkeit, Enttäuschungen zu ertragen, das heißt ihre *mangelnde Frustrationstoleranz*, zeigt sich aber nicht nur in Ausbrüchen von Jähzorn, sondern auch in einer komplizierten Art, in einem ruppigen Dauerton, vor allem in der Familie, der Mutter gegenüber. Den Kindern ist, wie fast alle Symptome dieser Störung, auch diese manchmal sehr unverschämte, provokante und oft aggressive Unart ihres Benehmens und Sprechens nicht bewußt. Eine Mutter kam deshalb auf folgende Idee: Sie beschwerte sich beim Kind über sein rüdes Verhalten beim Hausaufgabenmachen. Das Kind stritt ab, unfreundlich gewesen zu sein. Die Mutter fragte deshalb, ob einmal ein Tonband mitlaufen dürfe. Das Kind war gern einverstanden, weil es nicht glauben konnte, ruppig zu sein. Man ließ das Gerät 45 Minuten laufen. Das Kind war sehr erstaunt, als es sich hörte, obgleich man annehmen mußte, daß es sich sehr zusammengerissen hatte, um die Mutter Lügen zu strafen.

Eine Mutter meinte ganz bekümmert:»Er hat sich noch nie in seinem Leben über etwas gefreut. Er steht immer da, als ob er sagen möchte: Soll ich mich jetzt schon wieder freuen?«

Schlafstörungen

Es ist kein Wunder, daß diese Kinder auch Schlafstörungen haben. Viele von ihnen können erst spät einschlafen und müssen morgens »unausgeschlafen aus dem Bett geholt werden«. Interessant ist die Beobachtung etlicher Mütter, deren Kinder gelegentlich bei ihnen schlafen. Sie berichten über eine ununterbrochene Bewegungsunruhe beim Kind, so daß sie selbst kaum schlafen konnten. Eine dieser Mütter gab in ihrer Not dem Buben das nur für den Tag bestimmte Medikament, das Stimulans (siehe Teil 4), vor dem Zubettgehen. Das Kind schlief ruhig und wachte am Morgen erfrischt auf wie nie zuvor.

Störungen im Eßverhalten

Von manch einem hyperkinetischen Kind wird berichtet, daß es »frißt«. Man kann darüber spekulieren, ob es alles in sich hineinfrißt, weil es unglücklich ist. Es könnte auch sein, daß es impulsiv, ohne Überlegen, ohne Genuß, ohne Nachdenken alles in sich hineinschlingt. Eine Mutter sagte wörtlich:»Er frißt impulsiv, am liebsten alles auf einmal.« Eine andere Mutter: »Es ißt bedenkenlos.« Diese Worte sind verräterisch. Natürlich braucht man beim Essen nicht viel zu denken, aber mit »bedenkenlos« will sie vielleicht andeuten, daß ihr Kind nicht einmal beim Essen eine Pause macht, um zu schätzen, was es vorgesetzt bekommt.

Viele dieser Kinder haben einen enormen Verbrauch von Süßigkeiten, »eine richtige Sucht nach Süßem«. Ein Kind fand heraus, daß es besser lernen konnte, wenn es nichts Süßes zu sich nahm. An Tagen vor einer Klassenarbeit hielt es sich zurück und verzichtete auf Süßes, »weil ich leichter lernen kann«.

Unharmonischer Bewegungsablauf

Eine öfter zu beobachtende Erscheinung, die schwer einzuordnen ist, ist der *unharmonische Bewegungsablauf.* Man findet das häufig bei Kindern, bei denen neurologische Untersuchungen leichte Bewegungsstörungen aufzeigen. Die Bewegungen sind eigenartig eckig. Wenn

Diese Zeichnung eines elfeinhalbjährigen Jungen entstand, als er nach einem halben Jahr das Gymnasium verlassen mußte.
Intelligenzquotient 127

man ein normales Kind laufen sieht, hat man den Eindruck, daß seine sich bewegenden Arme und Beine lauter Kreise beschreiben. Es ist alles rund. Bei einem hyperkinetischen Kind dagegen sind es keine Kreise, sondern eher Vielecke. Diese polygonalen Bewegungsabläufe fallen auch Müttern auf. Sie berichten, daß die Kinder an den Tagen, an welchen sie besonders unausstehlich, das heißt unausgeglichen, impulsiv, störrisch sind, auch in ihren Bewegungen eckiger sind. Eine Mutter meinte, sie sehe es seinem »Gang« an, wenn ihr Kind einen besonders schlechten Tag habe. Zu den körperlichen Auffälligkeiten gehören auch die widerspenstigen Haare. Nicht wenige Mütter beobachten, »daß sich die Haare an den besonders schlimmen Tagen kaum bändigen lassen«.

Schrift

In diesem Zusammenhang sei eine der auffallendsten Erscheinungen erwähnt: *das Schriftbild* hyperkinetischer Kinder.

Schon der motorische Vorgang des Schreibens ist für viele hyperkinetische Kinder eine Qual oder zumindest ein unerfreulicher Vorgang. Man kann sicher sein, daß ihnen ihre Schrift nicht gefällt. Sie sind unglücklich darüber, daß sie nicht besser schreiben können. Ganz selten gelingt es ihnen, wenn sie sich sehr anstrengen, ein paar schöne Zeilen zu Papier zu bringen. Das bringt ihnen aber kein Lob ein, sondern gleich wieder Tadel: »Siehst du, du könntest ja, wenn du nur wolltest!« Der Schreibvorgang ist mit einer unerhörten Anspannung verbunden. Die Schrift fließt nicht locker, sondern die Buchstaben werden hart auf das Papier gekerbt. Der Stift wird verkrampft gehalten, das Kind hat schweißgefüllte Handflächen, so daß das Papier naß wird. Der reine Schreibvorgang also ermüdet das Kind schon sehr stark, viel stärker, als das bei einem nicht hyperkinetischen Kind der Fall ist. Nun kommt aber noch hinzu, daß das hyperkinetische Kind nicht in der Lage ist, ganze Wortteile oder ganze Wörter zu erfassen, sondern für jeden Buchstaben eigens auf die Tafel blicken muß. Das erschwert und verlängert den Vorgang des Abschreibens. Die Aufmerksamkeitsstörung bringt dann die Leichtsinnsfehler hinzu. Durch Schweißtropfen werden die geschriebenen Wörter wieder verkleckst. Im Bemühen, wenigstens die gelegentlich noch beachteten Leichtsinnsfehler auszumerzen, wird der »Tintentod« bemüht. Man kann sich vorstellen, wie so eine Arbeit aussieht. Wie die folgenden Schreibbeispiele zeigen, ist das Schriftbild chaotisch.

2.   12.10.82

Ein naeuer Süler ||

(1) Klau gomt nei in ||\

unsene gae. Er ist Noch |||

(−) kremt (ale) alle |

Kinder stelen sich |

var. Lie nenen iren |||

fornamen und irer ||

Varnanen und iren   (

Nclaen. Peter wond ||

in der nehe von Klaus |

(er) Er würd in helfen ||

        Schreibe die Geschichte ab!
Du mußt besser üben!

Schriftprobe eines sieben Jahre und acht Monate alten Jungen

Marc
13.9.1982   I   ~~Oral~~ dictation

2

Mr. Scott is Collins and Linda's father. Linda ~~is~~ is Collins' sister. Collin is in the bed-room. In the bedroom is a cupboard. On the ~~cupb~~ cupboard is a book. Linda is in the kitchen. In the kitchen is a ~~car~~ a table and ~~Tibby~~ Tibby's basket. Tibby is Linda's cat. The ~~is~~ basket is under the table. On the ~~X~~ table is the telephone. Mr. Scott is in ~~X~~ the garden. ~~X~~ And ~~tod~~ Tabby

FUCK
OFF

FUCK
OFF
~~THE~~
~~X~~

FUCK
OFF
THE
TEACHER

Schriftprobe eines zehnjährigen Jungen

41

Blas schneidest, ja nitzest. gäb ich
dir den Gnadenstoß! Aber
du Hast deine sache gut gemacht! Hier, ist dein "Lohn"
dann sagtuchj" Sie hätten dazu keine Zeit
gehabt denn ... sie nur
gezuckt und wenn ... nur der schnitt
fehl gegangen, so uer ich entschlossen
ihnen die Kehle durch zuschneiden! "
Den Mann wurde bleiche Blas und war
so klein mit Hut und sacta: So so

Schriftprobe eines elfjährigen Jungen, erstes Gymnasialjahr

Das hyperkinetische Kind im Säuglings- und Vorschulalter

Es ist ähnlich wie bei vielen anderen Störungen im gesundheitlichen Bereich. Je stärker die Störung ist, desto früher wird sie erkennbar, desto eher »stört« sie. Und je günstiger die Umstände, desto länger bleibt eine solche Störung tragbar oder sogar unentdeckt. Die meisten hyperkinetischen Kinder sind schon im Kleinkindalter, im Kindergarten oder sogar schon als Säuglinge auffällig. Nur wenige haben eine wirklich unauffällige Kleinkindheit.

Es hängt von der Frustrationstoleranz – von der Fähigkeit der Eltern, schwieriges Verhalten zu ertragen oder zu ignorieren – ab, wie rasch sie das Gefühl bekommen, hier könne etwas nicht in Ordnung sein. Handelt es sich um das erste Kind, so sind sie geneigt, das Benehmen ihres hyperkinetischen Kindes lange Zeit für ganz natürlich zu halten, da ihnen der Vergleich fehlt. Andere, die viel auf dem Spielplatz sind oder schon Kinder geboren haben, sehen die Auffälligkeiten schneller. Die Kindergärtnerin mit ihrer großen Erfahrung merkt es natürlich sofort.

Manche Mütter berichten, daß das Kind »das ganze erste Jahr geschrien« habe. Gemeint sind damit nicht die ersten drei Monate, in denen sehr viele Kinder ihre infantilen Koliken haben. Dieses dauernde Schreien wäre etwas weniger unerträglich, wenn der Charakter des Schreiens nicht so extrem schrill wäre. Es übersteigt die Toleranz einer Mutter ziemlich schnell. In einer wissenschaftlichen Untersuchung in England fand man heraus, daß diese Kinder mit einer Frequenz von 650 bis 800 Hertz pro Sekunde schreien, normale gesunde Kinder mit einer Frequenz von nur 400 bis 450 Hertz. Es ist mit diesen Kindern nur auszuhalten, wenn man sie ständig herumträgt oder im Wagen spazierenfährt. Man muß sich ununterbrochen mit ihnen beschäftigen.

Ein Junge, der sich im Tennisclub schon früh zum »Terrassenschreck« gemausert hatte, war *bis zum fünften Jahr im Trotzalter; das schlimmste mit ihm war das Autofahren, weil er sich aus sämtlichen Autositzen befreien konnte.*

Von einem besonders wilden Neugeborenen sagte der Gynäkologe: *»Der hat aber ein Leben, da kommt etwas auf Sie zu.« In den folgenden Jahren extrem aktiv, überwand er alle Hindernisse, stürzte sich einmal im Restaurant, wie ein Blitz aus dem Kinderstühlchen hochschießend, mit voller Kraft auf die Mutter. Beim Friseur mußten ihn drei Personen festhalten. Mit zweieinhalb Jahren stieg er mehrmals über die Gartenzäune und mußte dann auf den Straßen gesucht werden. Im Kindergar-*

ten mußte alles verschlossen werden. Seinen um acht Jahre älteren Bruder ärgerte er bis zum Geht-nicht-mehr. Mit fünf Jahren setzte er sich auf das Fahrrad und fuhr los und war kilometerweit und stundenlang fort. Er war nicht zu halten. Er wollte weder fernsehen noch Geschichten hören. Er konnte nicht sitzenbleiben. Mit sechs Jahren war er Bezirksmeister im Waldlauf. Als er in die Schule kam, verprügelte er alle Jungen seiner Klasse, bis er wußte, daß keiner stärker war als er.

Die Kindergärtnerin eines anderen hyperkinetischen Kindes ließ mir durch die Mutter folgende Aufzeichnungen zukommen.

1. Verhalten im Freispiel.

Kinder spielen am Tisch. Peter ist freiwillig und begeistert dabei. Ohne ersichtlichen Streitgrund zerstört er plötzlich die Bauwerke der anderen. Dieses Verhalten ist am Tag mehrmals zu beobachten.

2. Verhalten bei einer gezielten Beschäftigung.

Peter sitzt nie in entspannter Körperhaltung. Er zappelt mit den Beinen und Händen. Er rutscht hin und her usw. Diese Unruhe steigert sich. Er fängt an, seine Nachbarn zu zwicken, schlagen, stoßen usw. Er tobt dann im Zimmer umher und schreit.

3. Bewegungsspiele (Turnen, Tanzen).

Er springt und schreit bis zur totalen Erschöpfung, ist aber dann nicht beruhigt und abgearbeitet, sondern von einer ungeheuren Aggressivität. Das heißt, er schlägt dann völlig unkontrolliert um sich und greift die Kinder an.

Sein Verhalten fällt in der Gruppe auf. Die Kinder äußern sich folgendermaßen: Ich will nicht mit Peter spielen, ich habe Angst vor Peter. Ich will ihn nicht zum Geburtstag einladen, er macht alles kaputt. Peter hat keinen Freund.

Bei diesen beiden Kindern und bei allen anderen Kindern, die in solch frühem Alter schon Hilfe benötigten, steht naturgemäß die extreme Unruhe im Vordergrund. Denn Schulprobleme gibt es ja noch nicht, und im Sozialverhalten nimmt man Fehlverhalten gerade noch in Kauf. Viele hyperkinetische Kinder »fliegen« jedoch schon aus dem Kindergarten, sie werden nicht zum Kindergeburtstag eingeladen und auf dem Spielplatz gemieden. Jemand, der so ein Kind nicht erlebt hat, wird es nicht für möglich halten, wie sehr es Unruhe verströmen kann. Es ist meist nicht möglich, in Gegenwart der Kinder irgendeiner Arbeit nachzugehen.

Wenn man Mütter fragt, mit welchem Wort sie ihren Säugling charakterisiert hätten, wenn sie nur ein Wort dafür verwenden dürften, pflegen sie zu sagen, »sehr schwierig«. Thomas, Chess und Birch, Professoren für Kinderpsychiatrie im Bellevue-Hospital des New York

University Medical Center, kamen auf dieselbe Formulierung, nämlich »difficult child«. In ihrer berühmten Langzeituntersuchung über die Entwicklung des kindlichen Temperaments, in der New Yorker Kinder vom Säuglingsalter bis weit ins Schulalter hinein regelmäßig beobachtet, getestet und untersucht wurden, schälten sich mit Hilfe moderner biostatistischer Verfahren neun Temperamente heraus, die man als eine Kombination von Verhaltensweisen auffassen kann. Im Rahmen dieser Beobachtung über viele Jahre hinweg zeigte sich eine Verhaltenskonstellation besonders stabil, nämlich die des »difficult child«, des schwierigen Kindes also, dessen Verhalten dem des hyperkinetischen Kindes gleicht.

Schon die erfahrenen Schwestern in der Entbindungsabteilung haben Schwierigkeiten, das Kind im Arm zu halten. Eine Hebamme sagte zur Mutter gleich nach der Geburt, als sie das Kind in sein Bettchen gebracht hatte: »Liebe Frau, der wird Ihnen noch Probleme bereiten.« Viele Mütter geben an, daß das Stoßen im Mutterleib sehr viel stärker gewesen sei als bei ihren anderen Kindern. »Seine Stöße waren hart, eckig und schmerzhaft, nicht einfach Bewegungen wie bei meinen anderen Kindern.«

Der unruhige Tageslauf ist es, der diese Mütter am meisten »schafft«. Dabei wäre die ununterbrochene Bewegungsunruhe noch zu verkraften, wenn das Kind nicht auch noch überwiegend quengelig, reizbar und kaum zufriedenzustellen wäre. Es wird sehr leicht wütend. Es lächelt selten und sieht auch seine Mutter ihrer Ansicht nach zu selten an. Es schmiegt sich auch nicht an.

Es ist klar, daß dies eine schlechte Erfahrung für die Mutter sein muß. Sie meint natürlich, etwas falsch gemacht zu haben, sie beginnt sich zu fragen, wieso sie so ein Kind hat. Sie bemüht sich um ihr Kind. Doch das Kind ist weiterhin nicht bereit zum freundlichen Austausch von Aufmerksamkeiten. Die mütterliche Zärtlichkeit wird nicht erwidert.

In der erwähnten wissenschaftlichen Langzeituntersuchung in New York ergab sich ganz deutlich, daß aus dieser Situation eine schlechte Mutter-Kind-Beziehung entstehen kann, die sogar noch anhält, wenn das Kind mittlerweile nicht mehr schwierig ist. Denn die Mutter wird allmählich auch enttäuscht reagieren und ihrerseits dem Kind gegenüber ein Verhalten an den Tag legen, das vom Kind mit Erstaunen und Unverständnis zur Kenntnis genommen und letztlich mit Trotz erwidert werden wird.

In der Familie des hyperkinetischen Säuglings herrscht Gespanntheit, nervöse Gereiztheit, die Mutter spielt mit ihren Kindern weniger, und sie schimpft mehr.

Die Entwicklungsverzögerung des hyperkinetischen Kindes und Jugendlichen

Jedem Beobachter, Eltern, Verwandten und später sogar den Klassenkameraden fällt der Entwicklungsrückstand dieser Kinder auf. In der Fachliteratur ist meist nur vom teilweisen Entwicklungsrückstand, nämlich die kognitive Entwicklung betreffend, die Rede. Die kognitiven Funktionen sind die Vorgänge, die der Wahrnehmung, Erkennung, Verarbeitung, Speicherung und dem Abruf eines Wissensinhalts dienen. Des weiteren gibt es in Nordamerika eine Forschungsrichtung, die sich schon seit vielen Jahren mit der Entwicklung der »moralischen« Urteilsfähigkeit hyperkinetischer Kinder, also mit ihrer seelischen Reife beschäftigt. Die genaue Beobachtung dieser Kinder macht aber deutlich, daß beinahe alle geistigen, seelischen und körperlichen Entwicklungsvorgänge verzögert ablaufen. Das ist bei der großen Mehrzahl aller hyperkinetischen Kinder der Fall.

Im Säuglings- und Kleinkindalter ist das nicht so deutlich erkennbar, denn hier gibt es hyperkinetische Kinder, die ein bis zwei Monate zu früh zu laufen beginnen und später sämtliche Hindernisse spielend überwinden. Es gibt aber neben den sich rechtzeitig entwickelnden Säuglingen auch solche, die eine überdurchschnittlich lange Zeit zum Erlernen wichtiger Funktionen benötigen.

Im Kindergartenalter und noch deutlicher im Schulalter wird es offenkundig, daß hyperkinetische Kinder viel kindlicher sind als ihre Altersgenossen: Im körperlichen Erscheinungsbild, und zwar in allen entscheidenden Einzelheiten; im Gesichtsausdruck; in den Bewegungsabläufen; in der Art zu sprechen und sich auszudrücken; im Spiel, das heißt in der Auswahl der Spiele und in der Art, sich dabei zu geben; in der Gebärdensprache.

Auch die geistigen und seelischen Vorgänge entsprechen dem Alter eines um ein bis zwei Jahre jüngeren Kindes. Das Problemlösungsverhalten im allgemeinen entspricht der umständlicheren Art kleinerer Kinder. Das Lernvermögen ist nicht so weit wie erwartet. Die Arbeitshaltung ist ungenügend für die Anforderungen an den altersentsprechenden Schuljahrgang. Die Einsichten in seelische Vorgänge, besonders das Sich-einfühlen-Können in andere, etwa beim Spiel oder bei einer Auseinandersetzung, ist ganz deutlich unterentwickelt. Auch in der Frustrationstoleranz, das heißt der Fähigkeit, Enttäuschungen hinzunehmen, sind hyperkinetische Kinder deutlich zurück. Die Eltern sind sich der Entwicklungsverzögerung ihres Kindes voll bewußt. Ihr üblicher Ausdruck ist: »zurück«.

Sehr aufschlußreich ist es auch, Klassenfotos anzusehen. Hyperkinetische Kinder fallen auch hier auf. Sie ziehen entweder eine Grimasse, oder sie blicken eine Spur zu kritisch, fast mißtrauisch aus dem Bild, während die anderen selbstbewußt, zufrieden und mit sich im reinen in die Welt sehen. Auch Familienfotos oder Aufnahmen, auf denen auch andere Kinder abgebildet sind, lassen manchmal feine Unterschiede zwischen den hyperkinetischen und anderen Kindern erkennen.

Leon Oettinger aus Kalifornien hat schon 1974 über den Zusammenhang zwischen körperlicher Wachstumsverzögerung und dem hyperkinetischen Kind berichtet. In systematischen Untersuchungen hatte er festgestellt, daß das Knochenalter – gemessen an der Knochenkernentwicklung – bei zwei Drittel der hyperkinetischen Kinder gegenüber normalen Kindern überzufällig stark zurückgeblieben war. Da das Knochenalter als Anzeiger für das körperliche Entwicklungsstadium eines Kindes allgemein akzeptiert ist, deuten diese Ergebnisse darauf hin, daß die physiologische Entwicklung der hyperkinetischen Kinder verzögert ist.

Die Probleme im Adoleszentenalter

Adoleszenten sind Jugendliche zwischen fünfzehn und zwanzig Jahren. Hier werden die Probleme ganz deutlich schwerer.

Warum wohl? Es sind wahrscheinlich zwei Mechanismen, die kaum voneinander zu trennen sein dürften, nämlich ein exogener (ein von außen kommender) und ein endogener (ein dem Menschen innewohnender).

Exogene Wirkungen könnte man so sehen: Die jahrelangen schlechten Erfahrungen, die diese Kinder machen mußten, haben sich nun niedergeschlagen und zu sekundären Symptomen geführt. Darunter versteht man Erscheinungen, die nicht von vornherein zum hyperkinetischen Symptom gehören, sondern sich erst später einstellen, als Folge länger bestehender primärer Symptome, also der Symptome, die von Anfang an bestehen. So könnten zum Beispiel mangelndes Selbstbewußtsein oder völliges Desinteresse am schulischen Lernen oder am Umgang mit Freunden als Folge dauernder Fehlschläge, nämlich in der Schule und bei der Suche nach tragfähigen Kontakten, entstanden sein.

Endogen sind die schon in frühester Kindheit festzustellenden Verhaltensweisen, wie unsorgfältige Arbeitsweise, mangelnde Fähigkeit, sich anzustrengen und aufzupassen, oder die Unfähigkeit, sein soziales Verhalten den Erfordernissen des Geschehens anzupassen.

Dazu das Erscheinungsbild des fünfzehnjährigen Max. Auch hier sind die für die Eltern auffälligsten und von ihnen spontan angeführten Punkte stichwortartig wiedergegeben:
Sehr unglücklich, weil Freunde nicht bleiben;
intolerant, dominierend;
bequem, was die Schule angeht;
kann sich in der Familie nicht einordnen;
will seine Pflichten nicht anerkennen;
verträgt Kritik nicht, explodiert sehr leicht;
nicht die geringste Ausdauer, zum Beispiel beim Surfen oder Skifahren;
beim Kartenspielen gibt es auch Krach, wenn nicht alles so läuft, wie er will;
sehr unbeherrscht, muß alles sofort haben;
nimmt sich viel vor, hält es aber nicht ein;
das große Problem sind nicht die Noten, sondern das Sozialverhalten.

Das Kind war beim Nervenarzt, bei der Erziehungsberatung, bei einer Psychologin und in der Psychotherapie. Es hat ein Jahr lang jede Woche Spieltherapie erhalten – ohne Erfolg. In der Erziehungsberatung wurde der Mutter gesagt, sie habe ein »Hausfrauensyndrom« und sollte sich eine andere Frisur zulegen. Sie sei nicht ausgelastet am Stadtrand. Der Vater des Kindes führt ein großes Fotolabor, und die Mutter kann dort mitarbeiten, wann und soviel sie will. Sie ist sehr zufrieden mit dieser selbstgewählten Kombination zwischen Beruf und Familiendasein. Sie macht auf mich alles andere als den Eindruck einer frustrierten Frau.

Das Schicksal des neunzehnjährigen Norbert. Ein typisches Beispiel für einen Heranwachsenden, der seit früher Kindheit an den Problemen seines hyperkinetischen Syndroms litt.
Er besuchte im Laufe seines Lebens dreizehn »Kapazitäten«, wurde an deutschen Universitäten aufwendig untersucht und bekam dann vom vierten bis zum zehnten Lebensjahr wöchentlich einmal Verhaltenstherapie. Keine Besserung. Auch Psychopharmaka wurden eingesetzt, ohne Erfolg.
Die Säuglings-, Kleinkinder- und frühe Schulzeit waren – wie üblich – gekennzeichnet durch Unruhe, Konzentrationsstörungen, Lern-

schwierigkeiten und Probleme mit anderen Kindern. Hier wollen wir uns aber mit der Zeit nach der Pubertät befassen, denn hier wird ganz deutlich, was aus diesen Kindern wird, wenn sie mit ihrer Störung alleingelassen werden.

Jetzt ist sein Verhalten geprägt von einer völlig dissozialen, besser: antisozialen Haltung gegenüber allen Menschen, völliger Verweigerung jeglicher Pflicht, extremer Aggressivität, keiner Belastbarkeit und einem minimalen Selbstvertrauen.

Hier nun – stichwortartig – einige Besonderheiten seiner jüngsten Vergangenheit, die sich die Eltern für die Sprechstunde notiert hatten:

Von der Klassenfahrt vier Tage früher nach Hause geschickt, da er sich nicht einfügte.

Kam von einer Frankreichfahrt frühzeitig nach Hause.

Verläßt Sportverein: »Alle blöd.«

Wurde aus einer Rockergruppe, der er sich angeschlossen hatte, rausgeschmissen.

Unehrlich, lügt hemmungslos.

Stiehlt seit Jahren Geld, größere Beträge, stiehlt dem Bruder Erspartes.

Kennt überhaupt keine Hemmungen.

Kein Hobby.

Lebt im inneren und äußeren Chaos (nicht Unordnung).

Schwänzt dauernd die Schule.

Macht keine Schulaufgaben, »weil ich das ja doch nicht kann«.

Weicht jedem Druck aus, kommt dann tagelang nicht nach Hause.

Aufbrausend, aggressiv, sofort beleidigt.

Bei einer Firma, in der er für einen Job Vorschuß erhalten hatte, kam er betrunken zur Arbeit: »Arbeit zu primitiv.«

Geht nicht zum Einstellungstest der Polizei: »Hab ja doch keine Chance.«

Kann nicht lernen, nichts zu Ende führen, sich auf nichts konzentrieren.

Beleidigt Lehrer massiv.

Brief für Mutter: »Meine Mutter ist ein blödes Schwein.«

Droht: »Gebe mir die Kugel.«

Nägelbeißen.

Macht guten Eindruck auf Bekannte und neue Umgebung (kurzfristig), höflich, hilfsbereit.

Dieser Junge, der von der ersten bis zur dreizehnten Klasse in einer Rudolf-Steiner-Schule war, bekam, wie dort üblich, jährlich Zeugnisse, die seine Kenntnisse und Fortschritte nicht in Notenstufen angaben, sondern in sehr ausführlichen schriftlichen Beurteilungen. Jeder Fachlehrer gab seinen Kommentar. Auf diese Weise erhielt er in den bis zu zwanzig Fächern, in der neunten Klasse zum Beispiel, zwanzig Einzelbeurteilungen. Aus ihnen spricht fast durchweg hohe pädagogische Kompetenz und zugleich große Aufgeschlossenheit den Problemen eines mit Schwierigkeiten kämpfenden Jugendlichen gegenüber. In allen Kommentaren ist das Bemühen zu erkennen, vor allem die – hier sehr wenigen – positiven Aspekte seines Verhaltens zu sehen und vor allem Ermutigung und nicht Kritik zu vermitteln. Es unterliegt nach dem Studium dieser Zeugnisse, jährlich vier vollgeschriebene DIN-A4-Seiten, keinem Zweifel mehr, daß hier dem Schüler ein Maximum an Wohlwollen und Liebe zugeflossen ist, das eigentlich kaum mehr zu übertreffen ist.

Die nun folgende ausführliche Würdigung der Steiner-Schulzeugnisse – ich habe etliche davon bei meinen Patienten gesehen – ist notwendig, weil immer wieder behauptet wird, wenn es in unseren Schulen nicht so streng zuginge, wenn nicht nur auf Leistungen gesehen, sondern etwas mehr der Mensch berücksichtigt würde in seiner Eigenart, dann gäbe es keine lerngestörten Kinder. Hier haben wir nun eine Schulart, in der mit großem Einsatz ein kinderfreundliches Leben gestaltet wird, wobei den musischen Aspekten der kindlichen Entwicklung ein breiter Raum gewährt wird. Emotional betonte Tätigkeiten werden höher gewichtet und geben dem Kind eine Möglichkeit der Entfaltung, die in der Regelschule nicht gegeben ist. Ob dabei Hauptfächer, wie Fremdsprachen und Naturwissenschaft, in den Hintergrund gedrängt und möglicherweise vernachlässigt werden, entzieht sich meiner Kenntnis. Das steht hier auch gar nicht zur Debatte.

Hier soll nun betrachtet werden, wie sich der Schüler in den Fächern verhielt, die eigentlich lustbetont sein könnten, da sie wenig Wissensstapelung, kein Auswendiglernen und kein »Pauken« ungeliebten Stoffes verlangten und in denen ein besonders großes Entgegenkommen der Lehrer möglich war und auch praktiziert wurde. Hier also Beispiele aus den Beurteilungen in solchen Fällen. Berücksichtigt sind nur die Zeugnisse der letzten vier Jahre.

Keramik: N. (Norbert) fiel das ruhige, konzentrierte Arbeiten nicht leicht.

Malen: Beinahe standhaft weigerte sich N., einen Sinn im Farbenspiel zu entdecken.

Buchbinden: Wenn es N. gelang, sich für eine Arbeit einzusetzen, zeigte er sich auch tüchtig.

Kunstunterricht: Den Unterrichtsablauf störte er häufig.

Werkunterricht: Um gleichbleibenden Einsatz muß er sich immer wieder bemühen. Anregungen für die Gestaltung konnte er gut aufnehmen, setzte sie aber nur zögernd um.

Zeichnen: N. hat sich nach den ersten, sauber gearbeiteten Übungen auf die Ausrede »Ich kann nicht zeichnen« zurückgezogen. Weder willig, Anregungen aufzunehmen, noch fähig, auch selbst solche zu geben, vertat er eine nutzlose Zeit.

Handarbeit: N. gelang es nicht, am Webrahmen zu einer ruhigen Arbeitshaltung zu finden. Er störte sich und andere häufig.

Feldmessen: N. beherrschte die Technik des Messens im Gelände sehr rasch. Leider gab sein Verhalten auch hierbei Anlaß zu Beanstandungen.

Plastizieren: N. nahm am Epochenunterricht mit mäßigem Interesse teil. Gute gestalterische Ansätze konnten deshalb wenig gedeihliche Entwicklung nehmen.

Zur Abrundung des Bildes, das Norbert bietet, die Bemerkungen der Lehrer in den Fächern, die die Kinder von Natur aus primär nicht mit Lust zu erfüllen pflegen – wenn man von den wenigen Spezialbegabungen absieht, denen es ein Vergnügen bereitet, mathematische Inhalte zu entschlüsseln oder denen es leichtfällt, in fremde Sprachen einzudringen.

Deutsch: Inhalte erfaßt N. schnell, auch deren Formulierung fällt ihm nicht schwer. Ein Problem ist für ihn die gründliche, tiefergehende Beschäftigung mit Themen und Texten.

Englisch: N. hat in diesem Schuljahr höchst unzuverlässig gearbeitet. Man gewann den Eindruck, daß ihn die Inhalte des Englischunterrichts mit Gleichgültigkeit erfüllten. Das ist sehr bedauerlich, da die Leistungen nicht N.s Fähigkeiten entsprechen.

Biologie: N. war ein talentierter Stegreifarbeiter, der mit einem Minimum an Einsatz ein Maximum an Wirkung erreichen wollte. Seine Leistungen blieben durchschnittlich.

Mathematik: N. konnte die Gesetze der analytischen Geometrie und der Funktionenlehre meist rasch verstehen und richtig anwenden. Er war im Unterricht stets auf das eigene Verständnis bedacht und nahm dabei oft zuwenig Rücksicht auf die Probleme und Fragen seiner Mitschüler.

Hier noch einige Beispiele weiterer Bemerkungen:

Hauptproblem ist seine Durchhaltekraft;
stört die anderen;
mangelnder Einsatz;
keine Ausdauer;

nicht sorgfältig genug;
mit sachfremden Dingen beschäftigt;
nicht bis ins Detail konsequent und exakt;
im Laufe des Jahres nachlassende Tendenz;
konzentrierte Aufmerksamkeit fiel ihm schwer;
es fiel ihm schwer, aufmerksam bei der Sache zu bleiben.
Hier begegnet uns ein Jugendlicher, dessen typische Primärsymptome, wie mangelnde Aufmerksamkeit und Ausdauer, immer noch deutlich erkennbar sind. Daneben aber sind Verhaltensweisen in den Vordergrund gerückt, die nunmehr das Erscheinungsbild bestimmen, die dissozialen, aggressiven Momente. Das wird besonders im Notizblatt der Eltern deutlich. Die antisoziale Haltung überschattet alle anderen Symptome so grell, daß man sie zu übersehen geneigt ist und zunächst nicht daran denkt, es könne sich um ein hyperkinetisches Syndrom handeln. Dazu kommt, daß die persönliche Erscheinung dieses Jungen einen sehr positiven Eindruck hinterläßt. Er ist groß und schlank, sieht gut aus, stellt zwar eine etwas herablassende Miene zur Schau, ist aber höflich und zugewandt, auf jeden Fall ein sehr reizvoller Gesprächspartner.

Drei Monate später kam der sechzehnjährige Bruder von Norbert, Oliver, zu mir, zu dieser Zeit in der elften Klasse der Steiner-Schule und zugleich dort im zweiten Jahr einer Schreinerlehre. Die Eltern hatten ihn nicht geschickt, sondern er kam spontan, als er gesehen hatte, wie dem Bruder geholfen wurde.
Oliver war ein ruhiger, unauffälliger Säugling gewesen, aber eines jener schon angesprochenen Kinder, die sich gegen jede Zärtlichkeit sperren. Er sträubte sich so sehr gegen jegliche Annäherung, daß er sich manchmal mit beiden Händen gegen die Mutter stemmte. Die Eltern suchten deshalb Hilfe beim Psychologen, der sie jahrelang behandelte, da »nicht das Kind, sondern die Mutter Schuld an dem Verhalten des Kindes« trüge.
Mit fünf Jahren wurde ein Intelligenzquotient von 126 festgetellt. Im Kindergarten wurde er täglich vor die Tür gestellt. Er war »nicht brauchbar«. Die Grundstimmung zu Hause war und ist auch heute noch müde, abgeschlafft und negativ.
Sehr auffallend ist bei ihm eine besonders stark ausgeprägte Aufmerksamkeitsstörung. »*Selbst wenn ich aufpassen will, bin ich nach spätestens zwei Minuten von allem abgelenkt. Ich kann dann nicht mehr zuhören.*«
Aus den Zeugnissen der Rudolf-Steiner-Schule geht hervor, daß er

nahezu überall zu sehr guten Leistungen fähig gewesen wäre, wenn er sich hätte mehr konzentrieren können und zu mehr Ausdauer in der Lage gewesen wäre. Er hatte sichtlich gar keine Freude an den wichtigen Hauptfächern, die zugleich Lernfächer sind.

Im ersten Jahr seiner Schreinerlehre hieß es im Fach Graphik:»Oliver ist nur schwer für gestalterische Aufgaben zu gewinnen, er arbeitet zwar stets das Nötigste, aber wo es möglich war, versuchte er mit eigenen Argumenten, die Arbeit zu vermeiden.« Seine Gesamtbeurteilung des ersten Ausbildungsjahres der Schreinerlehre schließt aber mit der wiederum sehr charakteristischen Bemerkung:»Mehr Arbeitseifer wäre hier und da angebracht. Insgesamt erbrachte er gute Leistungen. Für die allgemeinen Werkstattpflichten sollte er mehr Interesse und soziales Benehmen zeigen.«

Wer zwischen den Zeilen zu lesen versteht, kann auch aus den sehr wohlwollenden Formulierungen der Rudolf-Steiner-Schule entnehmen, daß die bekannten Schwächen und die daraus resultierenden Probleme der hyperkinetischen Kinder sich auch hier bei diesen beiden Kindern zu Wort melden. Auch in der sehr verständnisvollen und geschützten Atmosphäre der Schreinerlehre in einer Rudolf-Steiner-Schule hielten die Probleme an.

Bei den Mädchen stehen andere Probleme im Vordergrund. Diese werden erst viel später erkannt, weil sie nicht aufbegehren und »wild« werden wie die Jungen, sondern eher zurückgezogen bleiben. Selbstmordversuche sind häufiger (aus einer Gruppe von 65 Adoleszenten, im Jahre 1977 in Baltimore untersucht, betrafen 75 Prozent Mädchen. 60 Prozent der 65 Kinder hatten ein HKS). Viele trennen sich vom gemeinsamen Weg mit den anderen Jugendlichen. Ihre Behandlung ist schwierig, weil sie keine Motivation mehr zeigten, sich zu ändern. Abbruch der Ausbildung und frühzeitige Schwangerschaften kommen häufig vor. Huessy:»Sie leben im Augenblick, planen nicht, überreagieren, und so eskalieren ihre Probleme. Ein hoher Prozentsatz von zur Adoption freigegebenen Kindern stammt aus ihren Reihen.«

Auch unter meinen hyperkinetischen Patienten sind Adoptivkinder häufiger als unter meinen nicht-hyperkinetischen Patienten.

Huessy betont abschließend, wie wichtig Früherkennung und Behandlung sei, um diese unglücklichen Lebenserfahrungen zu verhindern. Huessy weist auf die soziale Belastung hin, die diesen Jugendlichen, ihren Familien oder sonstigen Kostenträgern, letztlich der Gemeinschaft insgesamt, dadurch entstehen. Er spricht im einzelnen folgende Problemkreise an: Alkoholiker; straffällig gewordene Er-

53

wachsene; frühe Abbrüche einer für die Zukunft des Jugendlichen so wichtigen geordneten Schulbildung; die hohe Rate früher unehelicher Geburten, »die heutzutage durch das Unglück kompliziert werden, daß diese Mädchen ihre Babys allein aufziehen wollen, während sie von der Wohlfahrt unterhalten werden«; Vergiftungsunfälle (HKS-Kinder sind statistisch nachgewiesen häufiger Opfer von Vergiftungsunfällen); ein hoher Anteil an Kindsmißhandlungsfällen; Teenager-Automobilunfälle; Instabilität in Beruf und Familie.

2. Teil:
Benennung, Häufigkeit und Geschichte des hyperkinetischen Syndroms

Benennung

Für das HKS hat sich die American Psychiatric Association in ihrer letzten Revision ihrer Zusammenstellung sämtlicher psychischer Störungen, dem Diagnostic and Statistical Manual of Mental Disorders (DSM III-R), auf die Bezeichnung »Attention Deficit Hyperactivity Disorder« (ADHD) geeinigt. In der deutschen Fassung des DSM III-R wurde ADHD mit »Aufmerksamkeits- und Hyperaktivitätsstörung« übersetzt. Für den wissenschaftlichen Bereich mag diese Benennung tragbar sein. Für den Arzt und den populären Sprachgebrauch ist sie so unhandlich, daß sie sich weder in Nordamerika, noch bei uns richtig durchsetzen konnte. So spricht man in den USA immer noch vom »Hyperactive Child«, in Deutschland vom »Zappelphilipp«, von der »Hyperaktivität« oder von der »MCD«.

Dazu einige wichtige Hinweise:

»Hyperaktivität« ist nur *ein* Symptom des Hyperkinetischen Syndroms. Ein Symptom als Benennung für ein ganzes Syndrom zu gebrauchen, ist in der Medizin zwar geläufig, für den Nicht-Arzt jedoch manchmal irreführend, weil er den Teil für das Ganze nimmt. So hört man oft, »Der kann doch gar nicht hyperaktiv sein – gemeint ist: hyperkinetisch –, denn er zappelt ja gar nicht.« Wie wir aber sehen werden, ist die Zappelei zwar ein vordergründiges und wichtiges Symptom, das aber zeitweilig – vor allem bei Mädchen – fehlen kann.

Das im deutschen Sprachraum sehr beliebte Wort »MCD« – minimale cerebrale Dysfunktion – ist nicht brauchbar, weil nicht ausreichend definiert. Es ist in gar keinem Fall ein Synonym für das HKS und sollte vermieden werden.

»Hyperkinetisches Syndrom« (HKS) ist mittlerweile im deutschen Sprachraum in der wissenschaftlichen Literatur und im öffentlichen Sprachraum verankert. Zwar weist auch das Eigenschaftswort »hyperkinetisch« auf die Unruhe hin, aber vielleicht nicht ganz so deutlich wie »hyperaktiv«. Leider hat noch niemand ein Wort gefunden, das alle Symptome in griffiger Form enthält.

Häufigkeit

Es werden sehr verschiedene Häufigkeitszahlen genannt. Gerne werden zu hohe Zahlen angegeben. Sie stammen, wenn sie überhaupt wissenschaftlichen Ursprungs sind, meist aus älteren Untersuchungen mit sehr einfachen Fragemethoden. Auf diese Weise wurden in den USA, Kanada, Neuseeland, Schweden und Leipzig 10–20% aller Kinder als »hyperaktiv und unaufmerksam« eingestuft, Zahlen, die den heutigen Nachprüfungen nicht standhalten. In einer eigenen Untersuchung an 5099 Münchener Schulkindern betrug der Anteil hyperkinetischer Jungen 6%, der Mädchen 3%. Das Verhältnis Buben zu Mädchen wird weltweit als 4 : 1 oder höher angegeben.

Zu der in der Öffentlichkeit immer wieder mit großer Sicherheit aufgeworfenen Behauptung von der rasant ansteigenden Flut lerngestörter Kindern ist zu bemerken, daß es keine Zahlen gibt, die dies belegen könnten. Solche »wilden« Schätzungen entbehren jeglicher Grundlage. In den USA, wo diese Störung schon vierzig Jahre länger bekannt ist, hat man in den letzten dreißig Jahren jedenfalls kein Ansteigen der Zahlen von HKS-Kindern beobachtet. In der Geschichte der Medizin ist es ein bekanntes Phänomen, daß die Erstbeschreibung eines Krankheitsbildes eine Flut von »Fällen« nach sich zieht. Man kann den Eindruck gewinnen, es gäbe jetzt plötzlich sehr viel mehr solcher Krankheiten. In Wirklichkeit hat man ganz einfach des öfteren diagnostiziert, was früher nicht entdeckt oder nicht erkannt worden war.

Geschichte

Dr. Haslam, Leibarzt des Kaisers Napoleon I., beschrieb 1809 ein Kind, das die Züge eines HKS aufwies. Im weiteren Verlauf des 19. Jahrhunderts mehrten sich Fachberichte aus allen Teilen Europas. Dr. med. Heinrich Hoffmann beschrieb 1844 in seinem »Struwwelpeter« die HKS-Kinder sehr deutlich: den »Zappelphilipp«, den unglücklichen Daumenlutscher, den »bösen Friederich« in seiner Aggressivität, Ludwig, der den Mohren provozierte, Paulinchen, das unbedacht mit dem Feuer spielte, den blind in die Gefahr laufenden »Hans-guck-in-die-Luft« und den die Gefahr negierenden »fliegenden Robert«.

Zu Beginn des 20. Jahrhunderts lag der Anteil hyperkinetischer Kinder in den kinderpsychiatrischen Ambulanzen in Würzburg und in der Schweiz bei 15% bzw. 20%. Nach dem Ersten Weltkrieg wurde es still

»Prichard (London, 1835) hat sich zuerst eingehend mit diesem, die sittliche Sphäre einseitig belastenden Entartungszustande beschäftigt. Die Moral Insanity ist fast in allen Fällen Folge einer erblichen Beanlagung. Reizbarkeit, Launenhaftigkeit, Widerwilligkeit und Zornesausbrüche von ganz convulsivischer Natur sind Vorläufer der kommenden Psychose. Oft mangelt schon in frühester Kindheit dem Kinde jegliches Gefühl der Liebe, der Zuneigung und Anhänglichkeit. Das herzliche Lächeln der Mutter erweckt kein Mitgefühl, kein freudiges Empfinden des Kindes. Altersgenossen gegenüber bleibt es abstoßend und unfreundlich. Mit fortschreitendem Alter wird es halsstarrig, unfolgsam gegen Eltern und Lehrer, boshaft und hinterlistig gegen die Gespielen. Lob und Tadel sind für es gleich. Weder gute Worte noch Schläge wirken auf seine Handlungsweise ein. Unrechtthun ist die einzige Freude in seinem sonst freudenlosen Leben: ›je n'ai de plaisir qu'a faire du mal, j'aurais du bonheur, à voir couler le sang‹, sagte ein 10jähriger Knabe, den Brierre de Boismont (1858) behandelte.

Widerspruch kann ein derartiges Kind in die heftigsten Wuthparoxysmen bringen. Es ist dann zu allem fähig. Gewöhnlich aber werden all die hinterlistigen Anschläge, die boshaften Streiche nicht im Affect, sondern in größter Ruhe, mit größter Kaltblütigkeit vollbracht. Es kann dabei der Kleine wohl der Schlechtigkeit seines Thuns sich bewußt sein, allein er handelt in seinem organischen Zwange: ›ich denke daran Gutes zu thun, aber gegen meinen Willen thue ich Böses‹ (Marc's Mädchen, 1843); ›ich kann nichts dafür, ich konnte es nicht lassen‹ (Kind Prichard's). Ja oft fühlt das Kind das Unglück seiner originären krankhaften Constitution, gegen die es nicht aufkommen kann. Haslam's (London, 1809) Knabe wollte sterben, weil Gott ihn nicht gemacht habe, wie andere Kinder.

Ein solches moralisch krankes Kind ist der Schrecken der Schule, die Qual der Familie; kein Erzieher, kein Lehrer kann es bessern; es bleibt der Sclave seiner Leidenschaften, die Plage seiner Umgebung.

Der automatische instinctive Charakter, den das ganze Thun des Kindes zur Schau trägt, schließt jedoch nicht aus, daß die intellectuellen Fähigkeiten sich neben der Perversität der Gefühle ganz gut entwickeln. Meistentheils ist aber doch eine gewisse Lückenhaftigkeit derselben zu bemerken. Mehr Schlauheit als Verstand ist das Wesen ihres intellectuellen Vermögens. Prichard stimmt damit nicht recht überein, denn er sagt von der Moral Insanity, sie sei ›without any remarkable disorder on defect of the intellect‹.«

Beschreibung der hyperkinetischen Kinder (L. Scherpf, 1881), eins der zahlreichen Beispiele der Schilderung dieser Kinder aus dem 19. Jahrhundert. Er verwendete dazu Originalarbeiten aus der französischen, englischen und deutschen pädiatrischen und kinderpsychiatrischen Fachliteratur aus den Jahren 1809 bis 1862.

um diese Kinder. Erst Charles Bradley berichtete 1937 wieder über die hyperkinetischen Kinder im Zusammenhang mit einer medikamentösen Behandlung. Dadurch war das Interesse der mit Kindern arbeitenden Fachärzte geweckt. Seit den sechziger Jahren schließlich waren hyperkinetische Kinder Gegenstand einer immer größer werdenden Zahl wissenschaftlicher Untersuchungen, vor allem in Nordamerika, und seit den achtziger Jahren auch in Deutschland.

3. Teil:
Hintergründe und Ursachen

Woher kommen solche Störungen? Handelt es sich wirklich um gestörte Kinder? Sind sie vielleicht ganz normal, und nur wir Erwachsenen haben keine Geduld oder kein Verständnis? Sind wir vielleicht daran schuld, nämlich unser Verhalten, unsere Erziehung, unsere Schulen, die soziale Umwelt des Kindes, der Druck von außen, der Streß in der Schule, das hektische Leben, das häufige Fernsehen? Oder gar die Luftverschmutzung, der saure Regen, unsere Ernährung und die vielen Nahrungsmittelzusätze und Konservierungsstoffe, der zu hohe Phosphatgehalt der Nahrung, zuviel Zucker, Allergien gegen bestimmte Nahrungsmittel?

Das sind Fragen, die gestellt werden. Während im ersten Abschnitt diese Kinder betrachtet wurden, *wie* sie sind, wollen wir nun erfahren, *warum* sie so sind. Was verbirgt sich dahinter? Wie sind die seelischen Vorgänge geartet, die zu einem solchen Verhalten führen? Was läuft hier nicht so, wie es sollte? Wir suchen also nach dem psychopathologischen Substrat (A), das heißt nach den zugrunde liegenden psychischen Fehlfunktionen. Zugleich werden auch die ökologischen Zusammenhänge, das heißt die Wechselbeziehungen dieser Kinder zu ihrer Umwelt, unter die Lupe genommen.

Dann soll auf das pathophysiologische Substrat (B) eingegangen werden. Das sind die dem psychischen Fehlverhalten zugrunde liegenden abnormen Stoffwechselvorgänge im Zentralnervensystem. Und zum Schluß soll dann die Ätiologie der Störung (C) erörtert werden, das heißt die möglichen Ursachen dieser Stoffwechselstörung.

A. Das psychopathologische Substrat

Die Aufmerksamkeitsschwäche

Da der Begriff Aufmerksamkeit schwer zu fassen ist, müssen wir uns mit einem Konstrukt – einer Arbeitshypothese, einer Hilfskonstruktion – zufriedengeben. Beliebt ist eine sehr einleuchtende Beschreibung, eine Einteilung in verschiedene Dimensionen der Aufmerksamkeit: man betrachtet getrennt die *Aufmerksamkeitsintensität*, die *Aufmerksamkeitskapazität* und die *Aufmerksamkeitsspanne*. Die *Intensität* sagt aus, welches Ausmaß an Aufmerksamkeit jemand zur Bewältigung einer Aufgabe bereit hält. Die *Kapazität* gibt die Menge an Information an, die jemand verarbeiten kann. Die *Aufmerksamkeitsspanne* ist die Zeitdauer, in der jemand seine Aufmerksamkeit aufrechterhalten kann. Es liegt auf der Hand, daß die Konzentrationsfähigkeit auch von der Aufmerksamkeitsintensität, von der Aufmerksamkeitskapazität und von der Aufmerksamkeitsspanne abhängt. Je weniger von einer oder allen diesen Fähigkeiten vorhanden ist, desto schwächer ist die Konzentrationsfähigkeit.

Dies nur als kurze Illustration dafür, wie verwoben, ja nicht einmal gedanklich isoliert darstellbar die einzelnen Bestandteile dieser wichtigen Leistungsvoraussetzung, hier der Konzentrationsfähigkeit, sind.

Nun aber zur Aufmerksamkeitsstörung der hyperkinetischen Kinder. Wir sagen z. B., sie hätten eine kurze Aufmerksamkeitsspanne. Am deutlichsten wird es, wenn man mit ihnen Hausaufgaben macht und dabei beobachten kann, wie schnell sie innerhalb einer auch einfacheren Arbeit mit ihrer Leistungsfähigkeit abfallen können. Auch bei einem Hobby oder bei einem Spiel alleine oder mit anderen mangelt es sichtlich an Ausdauer. Sie beginnen mit Eifer, aber verlieren rasch die Lust. Augenscheinlich liegt das an einer mangelhaften Ausdauer. Nun ist aber festgestellt worden, daß HKS-Kinder von Anfang an schlechter auffassen und schlechter arbeiten. Sie sind also vom Start an benachteiligt. Unsere Vorstellung von der besonders kurzen Aufmerksamkeitsspanne der HKS-Kinder wird also in Frage gestellt, wenn wir erfahren, daß die geistige Leistungsfähigkeit bei normalen und bei hyperkinetischen Kindern innerhalb einer Arbeit im gleichen Maße nachläßt. Nur dem Umstand, daß sich das hyperkinetische Kind schon von Anfang an schwerer tut als das normale, ist es zuzuschreiben, daß seine Leistungsfähigkeit rasch in Bereiche absinkt, die zur Bewältigung der gestellten Aufgabe nicht mehr ausreichend und deshalb sehr auffällig sind. Wir sind also noch weit davon entfernt, Aufmerksamkeit so zu definieren, daß ein schlüssiges Konzept entsteht.

Ein Wort zum Verständnis häufig gebrauchter Begriffe. Wenn von Arbeit, Aufgabe, geistiger Leistungsfähigkeit gesprochen wird, ist immer eine Leistung gemeint, der eine kognitive Aktivität – eine gedankliche Arbeit –, die sich im Zentralnervensystem abspielt, zugrunde liegt. Kognitive Fähigkeiten braucht der Mensch in allen Lebenslagen, nicht nur im schulischen Bereich. Sie ist auch nötig, wenn die Mutter um etwas bittet, die Lehrerin etwas verlangt oder der Freund etwas erzählt. Fernsehen, Surfen, Flötespielen, Gesellschaftsspiel und Basteln sind alles Vorgänge, die die Informationsverarbeitung beanspruchen.

Die Informationsverarbeitung umfaßt die Aufnahme der ankommenden Signale – der Informationen – und deren Verarbeitung und Speicherung. Lernen ist also abhängig von einer funktionierenden Informationsverarbeitung. Diese ist abhängig von der Wahrnehmung der Informationen, und diese erfordert angemessene Aufmerksamkeit.

Informationsverarbeitung ist ein mühevoller Prozeß. Er bedarf nämlich nicht nur der Aufmerksamkeit, sondern auch der Leistungsbereitschaft und der Motivation, einer emotionalen Spannung.

Leistungsbereitschaft und Motivation sind beim HKS-Kind gering. Sie sind sogar bei ausgesprochen lustbetonten Tätigkeiten geringer als beim normalen Kind. Virginia Douglas, die speziell auch diesem Problem in jahrelangen Forschungsarbeiten nachgegangen ist, hat auch die oberflächliche, sorglose Arbeitsweise und die damit zusammenhängende mangelhafte Gründlichkeit, die wir alle aus dem Alltag des HKS-Kindes kennen, wissenschaftlich nachgewiesen.

Wie kommt es dazu?

In der im folgenden beschriebenen Studie versuchte Virginia Douglas die unmittelbaren Einflüsse ungenügender Aufmerksamkeit oder Motivation so gering wie irgend möglich zu halten. (Eine sichere oder völlige Elimination dieser beiden Faktoren bei der Zusammenstellung eines Tests ist ohnehin nicht möglich, denn man kann Fähigkeit und Ausführungsvermögen nie scharf trennen.) Da bekannt war, unter welchen Umständen hyperkinetische Kinder in einem Test gut abzuschneiden pflegen, versuchte sie bei der Gestaltung des Tests, es den Kindern dadurch leichtzumachen, daß sie alles wegließ, was das Interesse oder die Aufmerksamkeit direkt hätte beeinträchtigen können. Das Experiment mußte also so aussehen:

o farbenfroh; wie ein Spiel;
o die Einzelaufgaben mußten kurz sein;
o es durften ihrer nicht zu viele sein;
o Kinder sollten einzeln und nicht in Gruppen geprüft werden;
o Kinder sollten Antworten selbst formulieren können, anstatt auf eine »multiple choice«-Form zu antworten;
o sie sollten das Tempo ihrer Antworten selbst bestimmen können.

Es handelte sich um die Anwendung eines populären Spiels. Man legte den Kindern Karten vor, die »A« und »B« sowie »a« und »b« jeweils gerade stehend oder auf der Seite liegend zeigen, und zwar einmal von einem Kreis und einmal von einem Quadrat umgeben. Das ergibt 16 verschiedene Möglichkeiten. Die 16 Karten wurden umgedreht, und der Versuchsleiter sagte, er denke sich eine von diesen Karten, und das Kind solle herausfinden, welche er meine, und zwar mit so wenig Fragen wie möglich. Es dürften aber nur Fragen sein, die er mit »ja« oder »nein« beantworten könne. Je überlegter es die Fragen wähle, desto rascher erhalte es die Lösung.

Es liegt auf der Hand, daß zum Beispiel die Frage »Ist es ein großer oder kleiner Buchstabe?« oder »Steht der Buchstabe in einem Kreis oder in einem Quadrat?« 50 Prozent der Möglichkeiten ausschließt. Die Frage »Ist es ein kleines b?« scheidet dagegen nur 25 Prozent der Möglichkeiten aus, weil in ihr 4 von 16 Möglichkeiten erfaßt sind. Sie ist also schon weniger geschickt gewählt. Noch unergiebiger ist es zu fragen: »Ist es ein gerade stehendes großes A?« Es scheiden nur 2 von 16 Möglichkeiten aus.

Im Anschluß daran wurden noch zwei weitere Fragen gestellt:

»Was haben einige der Bilder gemeinsam, und worin unterscheiden sie sich?«

»Jetzt tun wir mal so, als ob *ich* die Karte erraten müßte. Vielleicht kannst du mir dabei helfen? Ich stelle dir zwei Fragen, und du sagst, welche die klügere ist, mit welcher ich schneller zum Ziel komme.«

Zehn solcher Fragenpaare wurden dem Kind angeboten.

Das waren die Ergebnisse:

1. Hyperkinetische Kinder stellten seltener die taktisch ergiebigen Fragen, daß heißt solche, mit deren Hilfe sie eine möglichst große Zahl von Möglichkeiten, wie das Bild aussehen könnte, ausschalteten.

2. Sie übersahen Einzelheiten der Bilder, die ihnen hätten helfen können, die Bilder nach Gemeinsamkeiten in Gruppen einzuteilen.

3. Sie taten sich schwerer, die Bilder hinsichtlich gemeinsamer Eigenschaften zu klassifizieren.

4. Selbst wenn man ihnen eine taktisch klügere und dazu eine taktisch weniger kluge Frage vorformulierte, wählten sie seltener die ergiebigere Frage.

Dabei hatte die Gruppe der HKS-Kinder im Intelligenztest genausogut abgeschnitten wie die normalen Kinder. Auch haben weder ihr Interesse noch ihre Fähigkeit weiterzuraten im Laufe des Tests nachgelassen, wie aus der Analyse des Testverlaufs ersichtlich war.

Wenn sie also bis zum Schluß aufmerksam dabei und nicht unintelligenter als die nicht-hyperkinetischen Kinder waren, warum schnitten sie trotzdem schlechter ab?

Zunächst ist klar, daß sie nicht genau genug hingesehen haben. Wie wir sahen, verfehlten sie Einzelheiten des Aufzunehmenden. Des weiteren denkt Virginia Douglas an folgende Deutung: Die hyperkinetischen Kinder werden durch ihre Aufmerksamkeits- und Konzentrationsschwäche daran gehindert, ein sorgfältig ausgearbeitetes Vorgehen zu entwerfen, das komplizierte Aufgaben meistern hilft. Sie haben sich zwar äußerlich angestrengt und waren auch bis zum Schluß interessiert am Gelingen, aber auf einer niedrigen Ebene schon hat die Aufmerksamkeitsschwäche eingegriffen, nämlich bei der Formulierung der Strategie, beim Entwurf des Plans »Wie gehe ich möglichst schlau vor?« Mit einer solch ineffizienten Taktik kann selbst bei wachem Interesse nicht viel herauskommen.

Diese Unfähigkeit, eine Strategie zu entwerfen, wie man das Problem lösen könnte, zeigt sich auch im Hinblick auf ihr Gedächtnis. Die HKS-Kinder benehmen sich in vielen Gedächtnistests wie Normale, bekommen aber Schwierigkeiten, sobald sie etwas behalten sollen, was keinen Sinn ergibt. Jedes normale Kind lernt, wenn es älter wird, sich in solchen Situationen einen Plan, ein Vorgehen zurechtzulegen, wie man dem ungeordneten Material beikommen könnte. Wenn sie formloses Lernmaterial vorgesetzt bekommen, können sie sich das Einprägen durch besondere Lernhilfen, z. B. Eselsbrücken, erleichtern. Das können hyperkinetische Kinder nicht. Sie hören einfach zu und versuchen zu behalten.

Diese Kinder scheinen sich auch ihrer eigenen Möglichkeiten nicht bewußt zu sein. Sie denken oft gar nicht daran, daß sie bereits Wissen oder Techniken besitzen, die sie in die Lage versetzen könnten, das Problem zu lösen.

Sie können recht gut Wissen erwerben, das man auf eine relativ automatische, unbewußte Art aufnimmt, aber sie tun sich schwer mit einem Wissen, um das man sich *bewußt* und mit *eigener Initiative* bemühen muß. Und das auch bei Kindern mit oft weit überdurchschnittlicher Intelligenz.

Es liegt auf der Hand, daß diese Unfähigkeit, sich Problemlösestrategien zurechtzulegen und auf Abruf bereitzuhalten, im schulischen Bereich zu Schwierigkeiten führen muß. Viele der Übungen in der Schule sind reichlich artifiziell und deshalb für das Kind nicht einsehbar: Sie müssen um ihrer selbst willen gemeistert werden. Darum wird diese Information nicht freiwillig gelernt.

Warum schlägt sich diese sichtliche Lernschwäche nicht im Intelligenzquotienten nieder? Virginia Douglas weist darauf hin, daß viele der im Intelligenztest geprüften Einzelheiten Wissensstoff betreffen, der *unabsichtlich* aufgenommen wurde. Das trifft besonders für jüngere Kinder zu. Deshalb unterschieden sich in einer anderen Untersuchung hyperkinetische und normale Kinder beim Intelligenztest in der zweiten Klasse nicht, in der sechsten Klasse jedoch eindeutig zu ungunsten der hyperkinetischen Kinder.

Abschließend das Modell des HKS-Kindes, wie es Virginia Douglas entworfen hat. Es handelt sich um ein Zusammenspiel von drei eng verflochtenen Vorbedingungen:

o Ein ungewöhnlich starkes Bedürfnis nach sofortiger Befriedigung von Wünschen und/oder nach Stimulation.
o Eine abgeschwächte Fähigkeit, impulsives Reagieren zu bremsen.
o Eine abgeschwächte Fähigkeit, die Reaktionsbereitschaft und die Wachsamkeit so zu regulieren, daß sie auf die Erfordernisse der Situation abgestimmt sind.

Das alles sind eng zusammenhängende Aspekte eines konstitutionell bedingten Problems.

Diese drei Punkte bringen Phänomene zur Sprache, mit denen wir uns im einzelnen näher auseinandersetzen müssen, weil sie für das Verstehen des Naturells des HKS-Kindes von wesentlicher Bedeutung sind, nämlich,

o der Drang nach sofortiger Bedürfnisbefriedigung und die mangelhafte Eigensteuerung
o die Impulsivität,
o die Modulation der Aufmerksamkeit.

*Der Drang nach sofortiger Bedürfnisbefriedigung und die
mangelhafte Eigensteuerung*

Jeder weiß, wie sich ein kleines Kind benimmt, wenn es etwas Erhofftes oder Erwünschtes nicht bekommt. Ähnlich unreif reagieren hyperkinetische Kinder auf eine erwünschte und nicht eingetretene Bedürfnisbefriedigung. Das haben wir schon im ersten Abschnitt des Buches gesehen. Auch in der gezielten experimentellen Beobachtung reagieren die hyperkinetischen Kinder äußerst sensibel auf das Ausbleiben einer Belohnung: Sie sind viel ärgerlicher und negativer – was sich in der Verschlechterung ihres Problemlöseverhaltens niederschlägt –, wenn die Belohnung nicht oder nicht in dem erwarteten Ausmaß eintrifft.

Virginia Douglas führte einen sogenannten »verzögerten Reaktions-zeittest« durch und setzte vier verschiedene Belohnungsmethoden für gutes Abschneiden im Test ein:

1. Lob nach jeder richtigen Lösung
2. Lob nur nach jeder zweiten Lösung
3. unregelmäßig verteiltes Lob, aber insgesamt gleich häufig wie bei 2.
4. kein Lob

Was ergab sich?

Die hyperkinetischen Kinder zeigten sich in ihrer Aufmerksamkeit, in ihrer Reaktionsfähigkeit deutlich besser, wenn sie nach jedem Einzelversuch gelobt wurden, und fast genausogut, wenn sie nach jedem zweiten Versuch ein Lob erhielten. Kam das Lob aber unregelmäßig, so daß sie sich nicht mehr darauf einstellen konnten, machten sie sehr viel mehr Fehler. Ihre Fehlerzahl war sogar höher als in der Vortestserie und in der vierten Art, in der kein Lob gespendet wurde.

Dieses Verhalten ist dem jüngerer Kinder ähnlich. Kleinere Kinder orientieren sich mehr an der Beachtung, die ihrem Verhalten geschenkt wird. Es ist ihnen eher an einer Belohnung für ihr Verhalten gelegen. Sie sind schnell frustriert, wenn sie ausbleibt.

Ältere Kinder hingegen sind eher an der Problemlösung interessiert. Sie wollen lieber die gestellten Aufgaben durchschauen. Für sie ist das Eintreffen der Belohnung eher ein Fingerzeig, *wie* sie das Problem lösen könnten.

Nun zur mangelhaften Eigenkontrolle hyperkinetischer Kinder. Michael Rosenbaum und Evelin Baker haben an 27 hyperkinetischen und 22 nicht-hyperkinetischen Erstkläßlern in Kiryal Yam in Israel die Selbstkontrolle der hyperkinetischen Kinder unter die Lupe genommen.

Wie wir gesehen haben, können sich hyperkinetische Kinder nicht beherrschen. Sie haben sich nicht unter Kontrolle. Rosenbaums Arbeit über »Selbstkontrolle bei hyperaktiven und nicht-hyperaktiven Kindern« wird uns etwas näher mit der Natur der Unbeherrschtheit vertraut machen.

Zur Selbstkontrolle braucht man eine Kombination von Verhaltens-weisen, die einen in die Lage versetzen, in einer potentiell konfliktgela-denen Umgebung ein zielgerechteres Verhalten eines ganz auf sich gestellten Individuums aufrechtzuerhalten.

Solche Fähigkeiten sind: Ein wirksames Gespräch mit sich selbst,

Selbstüberwachung, Selbstbeurteilung, Selbstbekräftigung, Problemlösetechniken sowie Fähigkeiten zur Aufmerksamkeit und zu einer angemessenen Informationsverarbeitung. Diese Fähigkeiten sind meist versteckt und können nur indirekt erfaßt werden.

Man hatte schon früher festgestellt, daß hyperkinetische Kinder nur dann eine den normalen Kindern vergleichbare Auffassungsgabe aufweisen, wenn sie ein ununterbrochenes Feedback erhalten. Als Feedback kann man »eine sinnlich wahrnehmbare Rückmeldung (z. B. durch Gestik oder Mimik), die dem Kommunikationspartner anzeigt, daß ein Verhalten oder eine sprachliche Äußerung verstanden wurde« (Duden), bezeichnen. Wenn hyperkinetischen Kindern Feedback unterbrochen oder nur ab und zu gewährt wird, werden sie frustriert, und die Leistung verschlechtert sich im Test. In der Untersuchung gingen Rosenbaum und Baker so vor: In einem ausführlichen Testtraining ließen sie die Kinder gezielt die Abbildungen verdeckt liegender Karten raten. Die Kinder erhielten nach *jeder* ihrer Aussagen die Antwort »richtig« oder »falsch«. Nach Vollendung der gesamten Aufgabe mußten die Kinder ihre Ratetaktik erklären. Es ergab sich, daß bei diesem Vorgehen die hyperkinetischen Kinder und die nicht-hyperkinetischen Kinder das Problem gleich schnell lernten. Wir erinnern uns: Das Erklären der Aufgabe und das Einüben erfolgte unter ununterbrochenem Feedback; für jede Lösung gab es ein »richtig« oder »falsch« des Versuchsleiters. Nun aber gab es vier weitere Versuche, wobei sich von Versuch zu Versuch das Feedback verringerte, das heißt, es gab immer weniger Reaktionen von seiten des Versuchsleiters.

Was geschah:

Die HKS-Kinder fielen von Versuch zu Versuch ab, nicht aber die normalen Kinder. Die hyperkinetischen Kinder wurden immer schlechter, je weniger Feedback sie erhielten.

Was meinte der Versuchsleiter zu ihrer Ratetaktik?

Die HKS-Kinder brachten viel häufiger als die normalen Kinder Langeweile und Ärger über das Ratespiel zum Ausdruck. Sie wollten aufhören oder zur Toilette gehen, oder sie sprachen über etwas ganz anderes.

Wie interpretieren die Autoren die Ergebnisse?

Die HKS-Kinder schnitten genausogut ab wie die normalen Kinder, wenn sie sich gestützt fühlten durch den Versuchsleiter, der ihnen sagte, ob sie etwas richtig oder falsch geraten hatten. Sobald aber diese Rückversicherung nachließ, mußten sie sich selbst kontrollieren. Das gelang ihnen nur recht unzureichend. Und so fielen sie in der Lösung ihrer Aufgabe mehr und mehr ab.

Das erinnert an die Mutter eines hyperkinetischen Kindes, die mir erzählte:»Wenn ich danebensitze, oder wenn der Lehrer hinter ihm steht, kann er richtig schreiben; wenn nicht, macht er Fehler.«Warum? Weil die Stütze fehlt, das Geländer, das ihm Halt gibt. Es geht sogar ohne Worte. Schon das Danebenstehen oder das Dabeisitzen ist für viele Kinder Hilfe genug, besser zu arbeiten. Es mangelt ihnen an Selbstregulation. Andere müssen sie kontrollieren. Das ist keine Bevormundung, sondern Hilfe für diese Kinder.

Die Modulation der Aufmerksamkeit

Darunter versteht Virginia Douglas das Abstimmen der Aufmerksamkeit auf den erforderlichen Wachsamkeitspegel (»arousal level«). Sie untersuchte dieses Phänomen mit Hilfe des »verzögerten Reaktionszeittests«.
Dieser Test läuft so ab:
Das Kind hat Kopfhörer auf und hört zunächst ein Warnsignal. Daraufhin soll es einen Knopf drücken und diesen so schnell'wie möglich loslassen, sobald – zehn Sekunden nach dem Warnton – eine Lampe aufleuchtet. Dem Kind wurde gesagt:»Es kommt nur darauf an, daß du den Knopf so rasch wie möglich losläßt, sobald das Licht aufleuchtet.« Die Reaktionszeit ist die Zeit zwischen dem Aufleuchten der Lampe und dem Loslassen des Knopfes.
o Die hyperkinetischen Kinder hatten eine längere Reaktionszeit, das heißt, es dauerte länger, ehe sie den Knopf losließen.
o Ihre Reaktionszeiten schwankten viel stärker als die der normalen Kinder. Diese arbeiteten gleichmäßiger; sie reagierten mit mehr oder weniger gleichbleibender Geschwindigkeit.
o Die hyperkinetischen Kinder boten eine höhere Zahl von »Fehlstarts«. Sie ließen in der Wartepause zwischen dem Warnton und dem Aufleuchten der Lampe den Knopf los.
Sie waren äußerst gespannt darauf, so rasch wie möglich zu reagieren. Sie konnten nicht warten. Sie waren zu sehr erregt. Ihre Impulsivität ging mit ihnen durch oder ihr»Temperament«, wie man es sehen mag. Die Aufmerksamkeit kann nicht genau genug gesteuert werden. Virginia Douglas benutzt hier gerne das Bild vom»arousal level«, der nicht moduliert werden kann. Die deutsche Übersetzung wäre in etwa »Wachsamkeitspegel«. Es gelingt diesen Kindern nicht, für bestimmte Aufgaben zu einem bestimmten Zeitpunkt einen angemessenen Grad von Aufmerksamkeit einzubringen. Die Fähigkeit, den eigenen Akti-

vierungsgrad auf die Erfordernisse abzustimmen, scheint bei hyperkinetischen Kindern herabgesetzt zu sein.

Dieser Test zeigt das Temperament des Kindes, wie es sich im täglichen Leben darstellt. Die hyperkinetischen Kinder können nicht warten. Sie sind voreilig mit ihrer Antwort, machen also den ersten Fehler. Können sie aber ausnahmsweise einmal warten, dann brauchen sie länger als die anderen Kinder, sind also wieder im Hintertreffen. Aber sie sind manchmal auch schneller als die anderen. Und was folgt im täglichen Leben? *»Siehst du, du kannst ja, wenn du nur willst!«* Hoffentlich ist jetzt klar, daß HKS-Kinder sicher gerne wollen, aber nicht können.

Die Impulsivität

Impulsivität wiederum ist ein Konstrukt, eine Arbeitshypothese, definiert durch Kagan und seine Mitarbeiter in Boston 1964, im Test feststellbar durch den von ihm entwickelten MFF-Test. Kagan postulierte, es gäbe zwei verschiedene Möglichkeiten, ein Problem anzugehen, entweder »impulsiv« oder »reflexiv«, das heißt dem ersten Impuls, dem ersten Antrieb sogleich folgend oder zuerst abwägend, »wie geht es am besten?«. Kagans MFF-Test, viel umstritten, ist einer der bewährtesten Tests für die Forschung geblieben. In ihm wird den Kindern auf einer Seite *eine* Strichzeichnung gezeigt und auf einer anderen Seite sechs oder acht davon, die sich alle bis auf eine von der Musterzeichnung in nur einem kleinen Teil unterscheiden. Das Kind muß nun herausfinden, welche davon mit der Musterzeichnung identisch ist.

Beim MFF-Test muß das Kind *ausdauernd, sorgfältig* und *organisiert* arbeiten können. Es muß nicht nur die sichtbar korrekten Aspekte eines Problems beachten, sondern darüber hinaus auch subtilere und mehr abstrakte Hinweise für die Problemlösung berücksichtigen.

Man glaubt, daß impulsive Kinder weniger effektiv arbeiten, weil
o sie ihr Ziel nicht strategisch einengen, sondern ziellos raten, »spekulieren«;
o sie ihr Problem von ungefähr angehen, ohne sich einen Plan zurechtgelegt zu haben;
o sie, selbst wenn sie einen zielgerichteten Weg gefunden und ihn sogar laut memoriert haben, wieder einen Umweg gehen;
o sie oberflächlich suchen und nicht alle Möglichkeiten sorgfältig ausschließen.

Der Impulsive agiert und reagiert auf den ersten Impuls hin, ohne zu reflektieren. Er denkt nicht; er überlegt nicht; er spricht und handelt, ohne zu denken und zu planen.

Die Hyperaktivität

Die Hyperaktivität als Symptom ist gekennzeichnet durch vermehrte Aktivität, den Stil der Aktivität und die Aktivität zur Unzeit. Eine vermehrte Aktivität, also die Bewegung des Körpers im Raum als auch die Bewegung der Körperteile ist sowohl in einer strukturierten Umgebung (z. B. während des Unterrichts) als auch im Freiraum (z. B. am Spielplatz) vorhanden. Dies muß betont werden, weil nämlich immer wieder behauptet wird, daß diese Kinder nicht hyperaktiv wären, wenn sie genug Freiraum zur Entfaltung ihres natürlichen Bewegungsbedürfnisses zur Verfügung hätten. Daß dies nicht den wahren Verhältnissen entspricht, zeigen ganz klar die Ergebnisse wissenschaftlicher Untersuchungen. Sie belegen, daß sich HKS-Kinder nicht nur während des Unterrichts oder während des Lösens einer Testaufgabe mehr bewegen, sondern sich auch im Freiraum, z. B. im Pausenhof oder auf der Spielwiese und auf dem Sportplatz übermäßig viel bewegen, in Situationen also, in denen keinerlei Einschränkungen ihres natürlichen Bewegungsdrangs gegeben sind.

Der Stil der Aktivität bestätigt, was Mütter hyperkinetischer Kinder schon lange beobachtet haben: Die Motorik dieser Kinder ist ungestüm, zu rasch und zu nachdrücklich. Ihre Sprechweise ist laut und zu enthusiastisch, besonders, wenn sie unter Zeitdruck stehen. Dieser besondere Stil ist erkennbar im Kindergarten, im Klassenzimmer, in einer kleineren Spielgruppe oder in einer Zweiergruppe, ja sogar, wenn das Kind alleine spielt.

Die Aktivität zur Unzeit ist das sprichwörtliche Kind, das »immer aus der Reihe tanzt«. Ein paar Beispiele aus meiner Praxis: Es spielt morgens um 6 h im Treppenhaus Hockey. Es fällt ohne ersichtlichen Grund und ohne Zutun anderer aus der Schulbank. Es fällt aus einer Reihe wartender Kinder, ohne daß Händel vorausgegangen sind. Es ist nie da, wo es hingehört, z. B. wenn es sich zum Bockspringen anstellen muß. Es verläßt den Arbeitsplatz während des Unterrichts. Als letztes Beispiel die Mitteilung eines Sportlehrers: »Wir mußten ihn, obwohl er ein guter Torschütze ist, vom Platz nehmen, weil er ständig ins falsche Tor schießt.«

Nun kann man sich auf den Standpunkt stellen, das sind ja alles harmlose Dinge, z. T. sogar belustigend. Aber dieses nicht in die Situation passende Verhalten ist für das hyperkinetische Kind von großem Nachteil. Die anderen Kinder mögen solches Verhalten nicht, sie lehnen es ab und damit das Kind.

Wie sehr das Benehmen eines Menschen unser Urteilsvermögen beeinträchtigt, zeigt die Untersuchung von Mintz, in der folgende Hypothese aufgestellt wird: Die Unangemessenheit des Verhaltens – mehr als die Bewegung an sich – ruft eine Illusion von Hyperaktivität hervor und führt zu einer negativen Beurteilung. 37 männlichen und 46 weiblichen Psychologiestudenten wurden Videofilme von 90 bis 105 Sekunden Dauer gezeigt. Beispiel: Ein Mann, am Schreibtisch schreibend, öffnet Aktenmappe und sieht hinein, zieht Schublade auf, nimmt Kuvert heraus, entnimmt diesem Brief und überfliegt ihn, legt beides zurück in Schublade, lehnt sich zurück und legt Beine auf den Tisch. Anschließend sollten die Studenten Fragen zum Film beantworten. Die Versuchsbedingungen wurden wie folgt variiert: Der Film wurde mit normaler oder hoher Lautstärke vorgeführt; der Zusammenhang der Handlung wurde manipuliert: Der einen Gruppe von Studenten sagte man: »Der Mann sitzt in seinem Büro und wartet auf einen Freund« (= angemessenes Verhalten). Der anderen Gruppe sagte man: »Ein Student, der im Büro seines Professors eine Klausur nachschreibt« (= unangemessenes Verhalten). Die Filme gab es also jeweils in vier verschiedenen Variationen: erstens mit Normalton und »angemessenem« Verhalten, zweitens mit lautem Ton und »angemessenem Verhalten«, drittens mit Normalton und »unangemessenem« Verhalten, viertens mit lautem Ton und »unangemessenem« Verhalten.
    Betrachten wir nun, welche Wirkung diese Variationen auf die Studenten hatten. Wie beurteilten sie das Verhalten des Mannes im Film? Welchen Einfluß auf ihr Urteilsvermögen hatten die Lautstärke, die ja auch »unangemessen« ist, wenn sie unverhältnismäßig hoch eingestellt ist, und die Angemessenheit des Verhaltens? Konkret: Beurteilten die Studenten, denen der Film mit lautem Ton vorgespielt wurde, und die, denen man gesagt hatte, es sei ein Student, der im Büro seines Professors seine Klausur nachschreibt, das Verhalten des Mannes schlechter?
    Dazu die Einzelergebnisse: Zunächst mußten die Studenten zehn Fragen beantworten (Conners Kurzfragebogen), etwa: »Ist der Mann im Film impulsiv; stört er andere; führt er nichts zu Ende; ist er zapplig, leicht ablenkbar und launisch; neigt er zu Wutausbrüchen?« Obwohl sie

ihn nur 90 Sekunden beobachten konnten, belegten die Studenten den Mann mit dem »unangemessenen Verhalten« mit all den hier genannten Attributen: also nicht nur unruhig, sondern auch »launisch« und »zu Wutausbrüchen neigend«. Ihre Bewertung seines Benehmens fiel signifikant schlechter aus als das desselben Mannes, von dem man gesagt hatte, er warte auf seinen Freund.

Dann mußten die Studenten angeben, wie sehr der Mann sich bewegt hat – in einer Skala von »überhaupt nicht« bis »sehr viel« (1 bis 4). Auch hier bewirkten »unangemessenes Verhalten« und »lauter Ton«, daß der Mann signifikant häufiger den Bewegungsgrad 3 oder 4 erhielt – mit anderen Worten, daß bei den Studenten die Illusion geweckt wurde, er bewege sich stärker. Zum Schluß mußten die Studenten neun Noten für die fünf folgenden Eigenschaften vergeben: Ist er gutaussehend, tüchtig, reif, gemein, liebenswert? Jede dieser fünf Eigenschaften wurde signifikant unterschiedlich benotet, je nach Lautstärke und Zusammenhang. »Unangemessen« und »laut« drückten die Noten, das heißt die Beurteilung des Mannes.

Resultat: Ein und dasselbe Verhalten wird unter verschiedenen Begleitumständen entsprechend bewertet. Was bedeutet dies für das hyperaktive Kind? *Unangemessenes, lautes* Benehmen vermittelt eine Illusion von (Hyper-)Aktivität. Es kann subjektiv als »zuviel Umtrieb« empfunden werden. Jede Aktivität eines hyperaktiven Kindes wird in den Augen des Betrachters *als Vielfaches empfunden durch gleichzeitig wirkende Faktoren* wie Lärmpegel und auffallendes oder unpassendes Benehmen.

Man sieht also, wie unangemessenes Benehmen zu einer überdimensioniert negativen Beurteilung führt und die Illusion eines globalen, eines allgemeinen Fehlverhaltens des Kindes entstehen kann, dessen übergroßes Ausmaß in den Augen des Beobachters in gar keinem Verhältnis steht zum wirklich vorhandenen – weil seine Stimme »zu laut« ist, oder weil es zur Unzeit, wenn alle friedlich am Frühstückstisch sitzen, zu singen beginnt, so daß die Unterhaltung unterbrochen wird. Es wird zum Störenfried, zum Ruhestörer. Es wird zurechgewiesen. Das Kind fühlt sich ungerecht behandelt und protestiert. Aus dem Singen wird Schreien, und der globale Konflikt ist da.

Wenn man vom hyperaktiven Kind verlangt, es möge nicht so laut sein, nicht soviel herumrennen, nicht soviel reden, dann kann man, wenn man Glück hat, das Ausmaß seiner Aktivität reduzieren, nicht aber die qualitativen Aspekte, etwa den unpassenden Zeitpunkt für das, was es sich im Augenblick einbildet tun zu müssen, oder die ruckartigen Bewegungen und die Laute, die es von sich gibt.

Und was zeigt diese Untersuchung darüber hinaus? Nur 90 Sekunden genügen, um einen nachhaltig negativen Eindruck entstehen zu lassen, der zu einem so ungerechtfertigten, über die Maßen nachteiligen Urteil über einen Menschen führt. Ist es ein Wunder, daß solche Menschen abgelehnt werden, wenn schon eine kurze Bekanntschaft mit ihnen zu einer so generellen Ablehnung führt?

Die Ursache der Hyperaktivität

Die Ursachen der körperlichen Unruhe, der überschießenden Aktivität sind noch nicht ganz geklärt. Wissenschaftliche Untersuchungen aus verschiedenen Forschungsstätten erlauben aber eine Arbeitshypothese, auf die hier näher eingegangen sei.

Es scheint auf keinen Fall so zu sein, daß die Kinder sich nicht konzentrieren können, weil sie zappelig sind. Genaue Beobachtungen mancher Mütter und zahlreiche Untersuchungen legen vielmehr den Schluß nahe, daß es der von dem Kind nur unter großen Mühen aufrecht zu erhaltende Wachsamkeitspegel ist, der an der Wurzel der Hyperaktivität steht. Der Wachsamkeitspegel verlangt zu seiner Stabilisierung geradezu nach zusätzlichen Reizen, notfalls nach Störreizen. Diese kann sich ein Kind aus seiner Umgebung holen. Gelingt das nicht, muß es sie selbst erzeugen. Die vermehrte Bewegung bringt mehr Abwechslung in sein Gesichtsfeld. Sie erhöht die Reizzufuhr. Außerdem stimuliert die Körperbewegung als solche das Gehirn und erhält damit den Wachsamkeitspegel.

Für den Alltag des HKS-Kindes bedeutet das: es muß zappeln dürfen; sonst kann es seine Aufmerksamkeit nicht aufrechterhalten. Nicht »Reizüberflutung« ist sein Problem, sondern »Reizmangel«.

Das mangelhafte Sozialverhalten

Der Umgang mit dem Nächsten ist ein Lernprozeß, der Aufmerksamkeit verlangt und impulsives Handeln nicht erlaubt. Wie geschildert, haben hyperkinetische Kinder Schwierigkeiten, ihre Aufmerksamkeit aufrechtzuerhalten und ihre Impulsivität zu zügeln. Das beeinträchtigt die Wahrnehmung und Verarbeitung verbaler und non-verbaler Signale und die Reaktion darauf. Die Verarbeitung der Signale aus der sozialen Umwelt ist ungenügend und die Reaktion darauf unangemessen. So nehmen sie nur ungenau zur Kenntnis, was der andere sagt oder tut und reagieren unüberlegt. Damit können sie den anderen vor den Kopf stoßen und eine negative Gegenreaktion auslösen. Das mangelhafte Sozialverhalten ist ein schwerwiegendes und ein häufiges Problem. Vier Fünftel aller HKS-Kinder zeigen es. Es ist sehr stabil. Es tritt bei dem davon betroffenen Kind zum ersten Mal im Kleinkindesalter auf, vor allem im Kindergarten, bleibt im Schulalter bestehen und begleitet es oft bis in die Adoleszenz und ins Erwachsenenalter.

Die dadurch ausgelöste Ablehnung wird schon im Kindergarten und auf dem Spielplatz deutlich. Diese Kinder werden am häufigsten und am schnellsten von anderen Kindern ihrer Altersgruppe abgelehnt, während Erwachsene noch Nachsicht und Geduld üben.

Auf diese Weise wird kein Selbstwertgefühl aufgebaut. Die Entstehung von Minderwertigkeitsgefühlen wird zusätzlich dadurch begünstigt, daß es nicht bei der Ablehnung bleibt, sondern zum Ausschluß aus dem sozialen Verband kommt, z. B. der Gruppe spielender Kinder, dem Freundeskreis, der Sportgruppe, dem Klassenverband.

Das unzureichende Sozialverhalten springt auf andere Kinder über. Das Verhalten der nicht-hyperkinetischen Kinder und Erwachsenen in der Umgebung eines HKS-Kindes wird beeinträchtigt. Es verändert sich in negativer Weise. Es kommt zu vermehrten Auseinandersetzungen und Streitigkeiten. Das ist in exakten Beobachtungsstudien in allen Altersgruppen untersucht und bestätigt worden. Professor Lempp, der ehemalige Leiter der Kinderpsychiatrie an der Universität Tübingen sagt, diese Kinder schaffen sich ihre pathogene Umwelt selbst. Die beiden Forscherinnen Ross und Ross an der Universität von San Francisco:»Die hyperkinetischen Kinder bestimmen die Qualität ihres Lebensraums.« Wichtiges Ergebnis: Das kindliche Fehlverhalten ist primär, die Reaktion der Umwelt ist die Folge.

Das steht in Gegensatz zur weit verbreiteten Meinung, die Kinder wären anders, wenn wir Erwachsene sie anders behandeln würden. Die tägliche Beobachtung dieser Kinder und die Fülle der das Gegenteil beweisenden Forschungsergebnisse demonstrieren jedoch, daß diese Meinung jeglicher Grundlage entbehrt. Sie ist außerdem kontraproduktiv, weil sie den Eltern, vor allem den Müttern den ›schwarzen Peter‹ zuschiebt.

Die Ursachen des mangelhaften Sozialverhaltens

Die Beziehungen zwischen diesen Kindern und ihren Mitmenschen – »the social world of hyperactive children« – ist seit vielen Jahren das zentrale Anliegen von Carol Whalen und Barbara Henker an der Universität von Kalifornien und der Mittelpunkt ihrer Forschungsarbeiten. Das negative Sozialverhalten, vereinfacht gesagt: »das schlechte Benehmen« in Familie, Freundeskreis, Schule und Ausbildungsstätte, später in Ehe und Beruf, ist für diese Menschen die schwerste Belastung, sicherlich noch schwerer als das schulische Versagen. Da überdies – in verschiedenen großen Untersuchungen (Lambert, 1985; Loney u. Milich, 1982; Stewart et al., 1981) – zwischen 65 und 72 Prozent der hyperkinetischen Kinder nachweislich aggressiv sind und die Aggressivität nachgewiesenermaßen ein besonders schwerwiegendes Zeichen für Probleme im späteren Leben darstellt, ist es verständlich, daß das Sozialverhalten des hyperkinetischen Kindes große Forschungsbemühungen ausgelöst hat.

Wir folgen hier der Beweisführung von Whalen und Henker, denen es gelungen ist, unter Berücksichtigung einer großen Zahl eigener und anderer Untersuchungen sehr weit zum Kern des Problems vorzudringen. Sie halten die lästige, störende, irritierende Art dieser Kinder für eine *ungewollte* soziale *Ungeschicklichkeit* – und nicht für einen Versuch zu ärgern, zu opponieren oder aufzutrumpfen. Im Gegenteil: Diese Kinder möchten gefallen, sie möchten angenommen werden, aber sie stellen sich so ungeschickt an – ähnlich kleineren Kindern, denen man es jedoch nachsieht –, daß sie nur Spott oder Kritik ernten.

Warum sind sie so? Haben sie weniger Wechselbeziehungen mit anderen Kindern? Die Antwort ist nein. Dies geht aus exakten Beobachtungen von hyperkinetischen und normalen Kindern in Familien, Kindergärten, Klassenzimmern und Spielgruppen hervor. Im Gegenteil: In einigen Studien gingen mehr Anregungen von hyperkinetischen Kindern als von normalen aus. Kurz, hyperkinetische Kinder sind sozial höchst aktiv, kontaktfreudig also. Durch diese größere Aktivität gehen sie aber ein entsprechend höheres Risiko ein, sich unliebsam zu benehmen, da das, was sie tun, selbst wenn es nicht böse ist, oft dem *Stil* der Ausführung nach aus dem Rahmen fällt und der augenblicklichen Situation nicht angemessen ist. An der mangelnden Kontaktbereitschaft liegt es also nicht, daß diese Kinder Schwierigkeiten bekommen.

Das soziale Urteilsvermögen: Wissen hyperkinetische Kinder, was sozial adäquates Verhalten ist? Können sie dissoziales Verhalten identifizieren? Nominierungsstudien, kombiniert mit parallel laufenden, exakten Beobachtungen, zeigen ganz klar: Die hyperkinetischen Kinder sind sehr wohl in der Lage, angemessenes Sozialverhalten von dissozialem Verhalten zu unterscheiden und es auch zu benennen. Es gibt also keinen Anhaltspunkt für ein Defizit im sozialen Urteilsvermögen. Im Gegenteil, es wurde sogar wiederholt nachgewiesen, daß hyperkinetische Kinder gutes und schlechtes Benehmen ihrer Kameraden in höherem Maß erfaßten, als es die normalen Kinder taten. Sie scheinen also ein besonders scharfes Auge für die Schwächen anderer zu besitzen. Überraschend und von praktischer Bedeutung als weiteres Ergebnis dieser Studien ist nun, daß die hyperkinetischen Kinder schlechtes Sozialverhalten weit weniger ablehnen als die normalen Kinder.

Das bringt Nachteile für die hyperkinetischen Kinder. Sie erspähen jede Schwäche und kritisieren gern. Trotzdem suchen sie sich als Spielkameraden lieber andere hyperkinetische Kinder. Da sie sich außerdem lieber mit kleineren Kindern abgeben und dadurch zusätzlich von ihren Spielkameraden abgelehnt werden, geraten sie in ein atypisches soziales Milieu, in dem ihnen der positiv regulierende Einfluß der altersgleichen und normal entwickelten Kindergesellschaft entgeht.

Sie wissen also, was dissoziales Benehmen ist. Können sie es aber entziffern? Wenn man Nominierungsstudien mit gezielter Beobachtung kombiniert, erfährt man dies: Hyperkinetische Kinder erfassen schlechtes und gutes Benehmen ihrer Kameraden in höherem Maße als die normalen. Kein Anhaltspunkt also für ein Defizit in der sozialen Urteilsfähigkeit. Im Gegenteil: Hyperkinetische Kinder scheinen eine besondere Fähigkeit im Entschlüsseln ihrer sozialen Umwlt zu besitzen.

Warum benehmen sich hyperkinetische Kinder falsch, obwohl das soziale Wissen vorhanden ist? Dazu die Ergebnisse der folgenden Untersuchungen. Hyperkinetischen und normalen Kindern wurden Geschichten vorgelesen. Man fragte sie anschließend:»Wie würdest du dich hier verhalten?« Wiederum wurden die Kinder in Gruppen aufgeteilt. Der einen Gruppe wurden mehrere Möglichkeiten zur Auswahl geboten, während die andere mündlich mitteilen sollte, wie sie sich verhalten würde und warum sie dies tun würde. Es ergab sich kein Unterschied zwischen den hyperkinetischen und normalen Kindern bei der Wertung der vier Geschichten, jedoch ein signifikant schlechteres Abschneiden der hyperkinetischen Kinder, als es darum ging, sich ihr eigenes angemessenes Vorgehen auszudenken. Hyperkinetische Kinder scheinen Schwierigkeiten zu haben, aus mehreren angebotenen Möglichkeiten das angemessene Sozialverhalten auszuwählen. Ihre Probleme liegen eher darin, es zu erfinden. Hyperkinetische Kinder wissen also, was adäquates Sozialverhalten ist. Sie können es erkennen, aber nicht produzieren. Es fällt ihnen schwer, ein der Situation entsprechendes Rollenspiel zu erfinden. Deshalb ist das mangelhafte Sozialverhalten nicht als moralisches Defizit zu bewerten, sondern als Unfähigkeit, die den Umständen angemessene Handlungsweise aus sich heraus zu gestalten. Das kostet nämlich Anstrengungsbereitschaft, gründliches Nachdenken, und es erfordert, sich in die Sachlage zu vertiefen und mühsam die Zusammenhänge zu erforschen, um zur richtigen Lösung zu gelangen. Das Auswählen aus vorgegebenen Lösungen ist viel leichter.

Damit sind wir wieder bei der mangelhaften Bereitschaft zu gründlichem Arbeiten angelangt. Diese mag ein Grund dafür sein, daß sehr viele hyperkinetische Kinder in der Schule immer dann Probleme bekommen, wenn es darum geht, etwas zu gestalten, etwa einen Aufsatz oder eine frei zu formulierende Antwort. Dabei verlieren die Kinder um so mehr an Boden, je umfassender oder präziser die Antwort erwartet wird.

Hier wird deutlich, wie mangelhaftes Konzentrationsvermögen und die immer wieder störende Impulsivität Anstrengungsbereitschaft und Leistungsfähigkeit beeinträchtigen. Es ist für diese Kinder schwer, das Vorgehen zu formulieren und eine Aufgabe zu gestalten. Das beginnt beim Umgang mit den Geschwistern am Frühstückstisch und setzt sich fort, wenn es darum geht, in einer Aufgabe einen Sachverhalt – den man längst durchschaut hat – entsprechend in Worte zu fassen oder zu Papier zu bringen. Was hilft es, wenn Intelligenz und Einfallsreichtum vorhanden sind, aber die Fähigkeit zum schöpferischen Tun fehlt? Dieses »Vermögen«, das »Können«, ist die Grundlage eines erfreulichen Zusammenlebens und des Selbstbewußtseins, das aus Erfolg und Akzeptiertsein resultiert.

Die Aggressivität

Die Aggressivität ist die ungünstigste Form des mangelhaften Sozialverhaltens. Wie erwähnt, sind rund zwei Drittel der hyperkinetischen Kinder aggressiv. In speziellen Untersuchungen Aggressiver hat man überdies festgestellt, daß drei Viertel der aggressiven Kinder und Jugendlichen auch hyperkinetsich sind.

Das aggressive Verhalten ist bei den hyperkinetisch-aggressiven Kindern ein primär vorhandener Zug und schon im Kindergarten exakt nachweisbar. Dieses Verhalten ist nicht bedingt durch andere. Es ist keine Reaktion auf das ablehnende Verhalten anderer, sondern – wie das mangelhafte Sozialverhalten auch – ein primäres Fehlverhalten des HKS-Kindes. Naturgemäß verstärkt die Aggressivität des HKS-Kindes die Ablehnung und den sozialen Ausschluß durch andere. Wie kommt es zu dieser Aggressivität des hyperkinetischen Kindes?

Es zeigt sich, daß die Aufmerksamkeitsstörung und als Folge davon die mangelhafte Verarbeitung von Informationen aus dem Umfeld eine Voraussetzung für die Aggressivität bilden.

In einer Untersuchung gingen Robert Milich und Kenneth Dodge der Frage nach, wie hyperkinetische, aggressive Kinder im Vergleich zu unauffälligen Kindern Informationen aus dem sozialen Umfeld verarbeiten.

Die bisherigen Ergebnisse hatten gezeigt, daß sich aggressive von nichtaggressiven Jungen auf folgende Weise unterscheiden:

1. Aggressive Kinder neigen dazu, auf eine gedachte Problemsituation, besonders auf eine vieldeutige Provokation durch Gleichaltrige, aggressiv und unangemessen zu reagieren.

2. Diese aggressiven Kinder unterstellen nämlich in möglicherweise provokativen Situationen dem Gleichaltrigen böse Absichten.

3. Die Ursache dafür sieht man darin, daß aggressive Kinder nachgewiesenermaßen weniger informative Details aufnehmen. Wenn man sie nach den Anhaltspunkten für die anderen unterstellten bösen Absichten fragt, können sie viel weniger Punkte angeben als die normalen Kinder. Statt dessen zitieren sie Verhaltenweisen »der anderen« im allgemeinen. Überdies vergessen sie Hinweise, die zu Beginn einer Sequenz von Signalen geboten wurden. Sie fassen einen Entschluß mehr aufgrund des zuletzt Gehörten.

Interessant sind die Tests, die von Dodge für solche Kinder entworfen und schon früher an ähnlichen Gruppen geprüft worden waren. Im ersten Test wurden den Kindern Geschichten vorgelesen, in denen sie mit einem Schulkameraden zu tun hatten. Das Handeln des Schulfreundes war so dargestellt, daß man es genausogut als feindlich, neutral oder freundlich deuten konnte. Der zweite Test bestand aus neun Kurzgeschichten – auf Tonbändern abgespielt –, in denen Jungen erzählten, was sie getan hatten, zum Beispiel: »Ich ließ Edi mein neues Comicbuch anschauen.« Es wurden aber auch feindselige und neutrale

Vorkommnisse, gleichmäßig verteilt, vorgebracht. Hier wurde das Kind gefragt, welcher der Verhaltensweisen es sich erinnern konnte; welche freundlicher, feindlicher bzw. neutraler Art waren; es wurde festgestellt, wieviel und in welche Richtung sie umgedeutet wurden; und inwieweit erste und zuletzt vorkommende Details im Gedächtnis geblieben waren. Ein dritter Test bestand aus Detektivgeschichten. Dem zu testenden Jungen wurden sechs Geschichten auf Tonband vorgespielt, in denen ein Kamerad eine feindselige Haltung gegen ihn ausgeführt haben konnte. Im Anschluß an jede Geschichte konnte der Junge auf dem Tonband bis zu vier Jungen abhören, die den Vorfall beobachtet hatten. Jeder Junge hatte zwei Versionen des Vorfalls zu Protokoll gegeben, eine, die ihn entlastete (etwa:»Ich sah Hans auf der anderen Seite des Parkplatzes, als das Rad umfiel«) und eine, die ihn belastete (»Ich sah Hans über deinem Rad stehen und lachen«). Danach hatte er zu entscheiden, wie er seinerseits die Geschichte deutete. In mehreren nachgestellten Fragen wurde versucht zu erfahren, wie er zu seiner Deutung gekommen war.

Im folgenden seien nur die Gesamtergebnisse zusammengefaßt:

o Die hyperkinetisch-aggressiven Kinder verwendeten weniger Hinweise, das heißt verfügbares Informationsmaterial, wenn sie die Absichten anderer Gleichaltriger einschätzten. Sie ließen sich z. B. weniger Zeugenaussagen vorspielen als die normalen Kinder.

o Sie vergaßen frühere Hinweise zugunsten späterer. Damit war ihr Informationsrepertoire kleiner als das der anderen Gruppen.

o Sie schätzten die Absichten anderer falsch ein. Sie neigten dazu, feindselige Absichten zu unterstellen.

o Sie neigten ganz eindeutig zu aggressiven Racheakten, was die normalen Gleichaltrigen sehr übelnahmen, weil sie den auslösenden Vorfall als harmlos betrachteten und die Vergeltungsmaßnahme für übertrieben hielten.

Hier ist ganz eindeutig die unzureichende Verarbeitung der vorhandenen Informationen zu sehen. Die Kinder schöpften nicht alle Möglichkeiten aus, um zu einer der Aufgabe angemessenen Durchdringung des ihnen gestellten Problems zu kommen. Auf diese Weise wußten sie weniger genau Bescheid und urteilten von dieser schmalen Informationsbasis aus. Ihre Urteilsfähigkeit war dadurch beschnitten. Hier sind wir – wie es scheint – an den Wurzeln des aggressiven Verhaltens. Es ist die unsorgfältige Aufnahme und Verarbeitung von Informationen, welche zur falschen Einschätzung der Lage führt. Dies veranlaßt die

Kinder letztlich zu aggressiven Racheakten. Sie sind also nicht ursprünglich böse, sondern sie sehen die Wirklichkeit anders.

Die Aggressivität beeinträchtigt auch das schulische Fortkommen. Es liegt eine Studie vor, in der die Aussagekraft einer einmal von Gleichaltrigen festgestellten Aggressivität für das spätere schulische Fortkommen geprüft wurde. In einer größeren Langzeitstudie an Schulkindern in Montreal war von Jane E. Ledingham unter 753 normalen und verhaltensgestörten Kindern das unterschiedliche Fortkommen der aggressiven und der unauffälligen Kinder erforscht worden. Es handelte sich um Gruppen von Kindern, die drei Jahre zuvor von ihren Kameraden als aggressiv bzw. unauffällig eingestuft worden waren. Sie waren zum Zeitpunkt der Einstufung in der ersten, vierten bzw. siebten Klasse, zum Zeitpunkt der Nachuntersuchung in der vierten, siebten bzw. zehnten Klasse.

Das Ergebnis: Rund die Hälfte der als aggressiv eingestuften Kinder hatten in der Schule versagt; von den unauffälligen waren es nur zwischen acht und zweiundzwanzig Prozent, die eine Klasse wiederholen mußten bzw. in die Sonderschule gekommen waren.

Die Autoren sehen in ihrer Studie eine Bestätigung der aus anderen Untersuchungen schon bekannten Tatsache, daß aggressives Verhalten einen hohen Voraussagewert hinsichtlich des schulischen Mißerfolges hat.

B. Das pathophysiologische Substrat

Unter dem pathophysiologischen Substrat versteht man die dem psychischen Fehlverhalten zugrunde liegende physiologische Fehlfunktion. In unserem Fall handelt es sich um eine Funktionsstörung im Synapsenbereich bestimmter Neurone des Zentralnervensystems.

Die Synapsen sind Kontaktstellen an den Nerven, an denen ein Signal von einer Nervenzelle auf die andere übertragen wird. Zur Übertragung dieser Signale sind Neurotransmitter nötig. Sie überwinden den Zwischenraum zwischen den beiden Nerven, den sogenannten Synapsenspalt.

Neurotransmitter sind im Körper produzierte chemische Substanzen, die, von einer Nervenzelle ausgeschieden, in der aufnehmenden Nervenzelle eine Reaktion hervorrufen. Sie sitzen, in kleinen Bläschen aufbewahrt, nahe dem Synapsenspalt. Sobald ein Signal kommt, wandern die Bläschen mit Blitzgeschwindigkeit zur Synapse und entleeren ihren Inhalt, die Neurotransmittermoleküle, in den Spalt. Auf der anderen Seite des Spalts, an der aufnehmenden Zelle, erwarten die Moleküle Rezeptoren, spezielle Reaktionsorgane, die das Signal weiterleiten.

Die für das HKS bedeutsamen Neurotransmitter sind, so viel wir bis jetzt wissen, Serotonin, Dopamin und Noradrenalin und ihre damit arbeitenden Nervengruppen. Serotonin ist im Körper weit verbreitet und beeinflußt praktisch jeden Aspekt unseres Verhaltens (Chafetz). Auch die mit Dopamin und Noradrenalin arbeitenden Nerven sind im ganzen Zentralnervensystem weit verzweigt.

Es ist fast unmöglich, die Wirkungsweise dieser Substanzen auf unser Verhalten auf einen Nenner zu bringen, da ihre Wirkungen von verschiedensten Faktoren abhängen und da sie sich gegenseitig zu beeinflussen scheinen. Die Komplexität dieser Zusammenhänge hat es bis jetzt verhindert, ein zufriedenstellendes Modell zu entwerfen.

Beim HKS scheint es sich um eine Fehlsteuerung des Neurotransmitterstoffwechsels zu handeln. Die Menge der für die Signalübertragung notwendigen Neurotransmittermenge im Synapsenspalt scheint zu gering zu sein.

Wie kam man auf diese Idee?

Gegen Ende des Ersten Weltkriegs durchzog eine verheerende Epidemie, die spanische Influenza, die ganze Welt. Viele Menschen starben, und viele erlitten eine schwere Gehirnentzündung, die von-Economo-Enzephalitis. Bei etlichen davon kam es zu Folgeschäden, die bei Erwachsenen und Kindern unterschiedlich ausfielen. Die Erwachsenen bekamen eine der Parkinsonschen Krankheit ähnliche Erkrankung, die Kinder eine Verhaltensstörung, die dieselben Symptome zeigte wie das uns bekannte, natürlich vorkommende HKS. Bei den Sektionen der Erwachsenen fand man eine Zerstörung der Bezirke des Gehirns, die reich an Dopamin sind.

Der amerikanische Psychiater und Kinderarzt Professor Paul Wender war meines Wissens der erste, der einen Zusammenhang zwischen dem Dopaminstoffwechsel und den Verhaltensauffälligkeiten des HKS postuliert hat. Er hatte jahrelang die Biochemie psychiatrischer Erkrankungen erforscht. Bei Jugendlichen, die diese Enzephalitis überlebt hatten und danach Symptome eines HKS zeigten, ging Wender von folgender Vermutung aus: Die Dopaminzellen mußten von den Viren angegriffen worden sein, so daß als Folge ein Dopaminmangel in der Synapse herrschte.

Ein zusätzlicher Hinweis auf diesen Zusammenhang kam aus der Beobachtung, daß Stimulanzien die Symptome des HKS zu beheben vermögen; und von den Stimulanzien ist nachgewiesen, daß sie eine in der Synapse zur Verfügung stehende zu geringe Dopaminmenge anzuheben vermögen. Tierversuche an »hyperaktiven« Ratten, die nach Amphetamingaben normales Lern- und Sozialverhalten zeigen, erhärten diese Hypothese. Besonders spektakulär ist der Bericht des Forschungspsychiaters Samuel Corson an der Ohio State University, vorgetragen in der Sitzung der New Yorker Akademie der Wissenschaften vom 28. 2. 1973. Er hat große Bedeutung für das Verständnis der HKS und für die Behandlung der betroffenen Kinder.

Er hatte in seinem Labor »hyperaktive« Hunde, die das typische Verhalten hyperkinetischer Kinder einschließlich Aggressivität und Lernstörungen zeigten. Die dramatische Schilderung seines ersten Hundes »Jackson«, eines anderthalbjährigen Cockerspaniel-Beagle-Hybriden, ist es wert, wenigstens abgekürzt wiedergegeben zu werden.

Dieser Hund war so bösartig, daß er nach allem biß, was er erwischen konnte. Sogar die mit Hunden sehr erfahrenen, geduldig-sanften Mitarbeiter des Instituts wurden von ihm mehrmals gebissen. Zum Schluß weigerte sich jeder, mit diesem Hund zu arbeiten, da er sogar die Hand biß, die ihm das Futter reichte. Sobald sich andere Hunde ihm freundlich näherten, griff er sie an, ohne abzuwarten, in welcher Absicht sie gekommen waren. Er war nicht in der Lage, etwas zu lernen, auch Dinge nicht, die anderen Hunden Spaß machten. Weder Belohnung noch Bestrafung noch Geduld halfen. In völliger Verzweiflung kam jemand auf die Idee, ihm Amphetamin zu geben. Es wurde in einem Fleischbällchen untergebracht und dem Hund vorgeworfen.

Nach einer Stunde war der Hund nicht mehr wiederzuerkennen. Er freute sich, wenn sein Trainer kam, wedelte, wollte gestreichelt werden, griff niemanden mehr an, freute sich, wenn der andere, vorher so heftig attackierte große Hund zu Besuch kam. Er war lernbereit und benahm sich, als ob er die zu lernenden Dinge, die er vorher vehement abgelehnt hatte, schon seit Monaten kannte.

Als er sich dieses neue Verhalten angewöhnt hatte, reduzierte man die Amphetamindosis langsam und hörte dann ganz auf. Er behielt im großen und ganzen sein freundliches Wesen und seine Bereitschaft, etwas Neues zu lernen, bei. Er hatte so ein angenehmes Wesen angenommen, daß ihn einer der Tierpfleger mit nach Hause nehmen wollte. Als er gestorben war, fand man in seinem Gehirn ein Defizit an Dopamin und dessen Abbauprodukten.

Hier sehen wir das klassische Verhalten, wie es uns vom HKS her bekannt ist. Außerdem liegt hier der Zusammenhang zwischen dem Verhalten und dem Dopamindefizit offen zutage.

C. Die Ätiologie

Die Ursache der fehlerhaften Programmierung des Neurotransmitterstoffwechsels in den serotonergen, dopaminergen und adrenergen
Neuronen – den für das HKS als bedeutsam erkannten Nervensyste-
men – ist noch nicht vollständig aufgeklärt. Mehrere Punkte sprechen
dafür, daß es sich um eine angeborene Störung handelt, die wahrscheinlich vererbt ist. Weitere – sehr seltene – Möglichkeiten sind nicht
mit Sicherheit auszuschließen: Schädigung des Zentralnervensystems
in den ersten zwei bis drei Monaten der Schwangerschaft oder Virus-
infektionen des Zentralnervensystems.
Für eine Vererbung sprechen:
1. Das gehäufte Zusammentreffen von HKS beim Kind und in der
Kindheit eines Elternteils, eines Großelternteils oder einer Tante/eines
Onkels.
2. Häufigeres Zusammentreffen eines HKS bei einem Kind und bei
seinem Bruder – verglichen mit Brüdern normaler Kinder.
3. Gleichzeitiges Auftreten eines HKS bei einem Kind und von Verhaltensstörungen bei den biologischen Eltern, die als Spätfolgen des
HKS bekannt sind. Ähnliche Beobachtungen wurden bei Adoptiveltern nicht gemacht.
4. Die größere Häufigkeit des HKS bei Jungen gegenüber Mädchen.
Diese sogenannte Knabenwendigkeit ist auch von anderen Störungs-
bildern, z. B. Sprach- und Sprechstörungen bekannt.
Punkt 1, 2 und 3 sind in mehreren Langzeituntersuchungen (Weiss &
Hechtman) erarbeitet worden. Die in Punkt 1 und 2 erwähnten Zusammenhänge sind jedem Arzt gut bekannt, der etwas Erfahrung mit
HKS-Kindern sammeln konnte. Diese familiäre Häufung ist so auffällig, daß sie nicht zu übersehen ist.
Sehr oft berichten die Patienten von einem sehr schwierigen Großvater oder von einem Onkel, der es sich »mit allen verdorben« hatte
oder »dem drei Frauen davongelaufen sind«, der »in acht Jahren elfmal
umgezogen ist, bis seine Frau nicht mehr mitgemacht hat«. Man erfährt
von einem Onkel, der es an einer Arbeitsstelle nie länger als ein halbes
Jahr ausgehalten hatte, von einem Großvater, der drei Berufe erlernt
und es »bis heute zu nichts Rechtem gebracht« hätte.
In den Familien und bei Verwandten von hyperkinetischen Kindern
wird auch eine erhöhte Anzahl von Alkoholikern, »dissozialen Persön-
lichkeiten« und – bei Frauen – hysterischen Störungen beobachtet. Ein
im Vergleich zu normalen Kindern überzufällig häufiges Zusammentreffen einer oder mehrerer Störungen in Familien und bei Verwandten

wurde unzählige Male nachgewiesen. Zum erstenmal hatte Still, der berühmte englische Arzt, im Jahre 1902 auf diese familiären Zusammenhänge hingewiesen.

Nun zu einem Punkt, der zwar nicht direkt für Vererbung, aber dafür spricht, daß es sich beim HKS um ein angeborenes Problem handelt. Es geht um die von den Müttern schon sehr früh erkannte Andersartigkeit des HKS-Kindes, verglichen mit den Geschwistern oder anderen Kindern. Aussagen wie die folgende sind häufig zu hören: »Dieses Kind ist einfach ganz anders. Auch sein Bruder ist mal wild, mal zornig – aber bei dem hier, das ist kaum zu beschreiben.« Diese Andersartigkeit ist in ihrer *Qualität* und in ihrer *Intensität* beachtenswert. Sie wird von der Mutter mit Beunruhigung registriert. Die *Qualität* bezieht sich auf Eigenschaften, die das betreffende Kind so sehr von den anderen Geschwistern abheben, die so wenig nachvollziehbar sind, daß sie der Mutter als »gar nicht normal« auffallen. Es paßt nicht zu ihrer Vorstellung von normalem kindlichem Verhalten, wie sie es als Muster in sich trägt. Die *Intensität* bezieht sich auf die Heftigkeit, auf die Durchdringlichkeit der Willensäußerungen dieser Kinder. Da diese Bekundungen seines Wesens zugleich rücksichtslos und daher unsozial sind, sind sie schwer zu ertragen. Auch das ist für die Mutter, die ihr Kind liebt und ihre Mutterschaft mit dem Wunsch antritt, alles so gut wie möglich zu machen, ein unlösbares Rätsel.

Viele exakte Untersuchungen haben die oben genannten elterlichen Beobachtungen bestätigt.

Obwohl das Gewicht dieser Beobachtung – zusammengenommen – schwer genug ist, um die Vorstellung von einer angeborenen Störung zu stützen, steht – streng wissenschaftlich gedacht – der endgültige Beweis noch aus. Auf jeden Fall sollten jedoch diese Punkte überzeugend genug sein, um die populäre Meinung, das HKS sei bedingt durch Umwelt, Ernährung, Erziehung und andere psychosoziale Faktoren, ad absurdum zu führen. Diese Meinung konnte bisher nicht bewiesen oder durch irgendwelche Daten gestützt werden. In größeren Untersuchungsreihen hingegen konnte nachgewiesen werden, daß kein ursächlicher Zusammenhang zwischen solchen Faktoren und dem HKS besteht.

4. Teil:
Die Rolle der Ernährung

Der Ernährung ist ein eigenes Kapitel gewidmet. Sie ist nicht Ursache des HKS, aber sie beeinflußt das Verhalten jedes Menschen, auch das des Nicht-Hyperkinetischen, mal in negativer, mal in positiver Weise. Deshalb kann man nicht generell sagen,»Ernährungsfehler« oder »falsche« Ernährung verschlimmerten das HKS. Da aber einige Ärzte und ein großer Teil der öffentlichen Meinung glaubt, bestimmte, mit der Nahrung aufgenommene Substanzen seien Ursache oder »Mit-Ursache« des HKS, soll dies hier, im Anschluß an die Diskussion der Ursachen, besprochen werden. Der Geschlossenheit halber sollen die aus den vermuteten Ursachen abgeleiteten Diätformen auch hier diskutiert werden.

Dieses Kapitel ist in zwei Abschnitte aufgeteilt, in:
A. Populäre Diätformen und ihre Hintergründe;
B. Einige wissenschaftlich gesicherte Erkenntnisse über den Einfluß der Ernährung auf das Verhalten hyperkinetischer und normaler Kinder.

A. Populäre Diätformen und ihre Hintergründe

Es besteht der weitverbreitete Eindruck, viele Ärzte würden Diätversuche nur deshalb ablehnen, weil sie nur gelernt hätten, Medizin zu verschreiben und weil sie sich mit nicht-schulmedizinischen Methoden ungern auseinandersetzten. Zutreffend ist aber, daß wir Mediziner den Diäten nur deshalb so kritisch gegenüberstehen, weil bisher von keiner Diät die generelle Wirksamkeit auf das HKS – von einigen geringen Ausnahmen abgesehen – wissenschaftlich nachgewiesen wurde. Ein Arzt ist aber verpflichtet, alle therapeutischen Möglichkeiten zu prüfen, um die beste, d. h. nachgewiesenermaßen wirksamste als Methode der ersten Wahl einzusetzen. Die Gefahr ist nämlich groß, in der Heftigkeit der Propagierung diverser diätetischer Behandlungsmethoden einen Beweis für ihre Wirksamkeit zu erblicken. Ernährung ist für den Nichtmediziner eine so alltägliche Sache, daß er sich über die damit verbundenen äußerst komplizierten und sowieso nur zum Teil ganz erforschten Stoffwechselvorgänge kaum noch Gedanken macht. Die folgende Erörterung folgt einer üblichen Einteilung der Diätformen:

1. Additiv-freie Diät (Feingold, 1975)
2. Allergen-arme Kost (Shannon, 1922)
3. Phosphat-reduzierte Ernährung (Hafer, 1975)
4. Reduktion von Zucker.

1. Additiv-freie Diät

Dr. Feingold hat 1973 behauptet, natürlich vorkommende *Salicylate* sowie bestimmte zur Konservierung und Färbung verwendete *Nahrungsmittelzusätze*, also Chemikalien, würden eine *toxische* (= Gift-) *Wirkung* – nicht eine allergische – auf Kinder ausüben und dadurch Hyperaktivität erzeugen. Kurz, diese Kinder würden diese Stoffe nicht vertragen und 30 bis 50 Prozent der dadurch hyperkinetisch gewordenen durch eine Auslaßdiät sämtliche Symptome verlieren.

Feingold, der zunächst neben den Nahrungsmittelzusätzen (vor allem künstlichen Farbstoffen) auch die natürlichen Salicylate (in 15 Obst- und Gemüsesorten) vermieden wissen wollte, strich bald die Salicylate wieder von der Liste, weil es in den USA sehr unpopulär war, so viele Sorten von Obst und Gemüse nicht essen zu dürfen. Wie schon erwähnt, war die Überprüfung seiner Theorie meines Wissens der erste bekannte Fall in der Geschichte der Naturwissenschaften und der Medizin, in dem jemand eine Behauptung aufstellte, sie in Laienkreisen propagierte und von den Wissenschaftlern erwartete, sie sollten nun beweisen, daß seine Theorie falsch wäre. Bisher war es in der Wissenschaft üblich, daß der, der eine neue Behauptung aufstellte, sie selbst beweisen mußte.

Umfangreiche mehrfache Nachprüfungen konnten aber die Theorie Feingolds nicht bestätigen. Durch den Druck der von den Medien unterstützten Öffentlichkeit waren sehr aufwendige Untersuchungen notwendig geworden, mit Placebodiät, mit in der Verhaltensanalyse geschulten Blindbeobachtern, psychologischen Testbatterien, gekreuzten Versuchsbedingungen und Provokationstests. Es hatten sich zuvor schon Vereine zur Unterstützung der Feingoldschen Auslaßdiät gegründet, und auch viele Ärzte begannen bereits zu hoffen, nun der Lösung des HKS-Rätsels endlich nahe zu sein.

Aber leider waren solche Hoffnungen verfrüht. Die Eltern waren unbeabsichtigten Fehleinschätzungen und dem allmächtigen Placeboeffekt zum Opfer gefallen. Sie waren in ihrem Eifer, ihrem Kind zu helfen, einer aus ihrer Erwartungshaltung resultierenden Selbsttäuschung erlegen, die Teil eines jeden Therapieerfolgs und ganz besonders einer selbständig eingeführten»Behandlung« ist. Das Wissen, daß eine Diät gegeben wird, schränkt Beobachtungsneutralität und Beurteilungsfähigkeit ein. Solch ein wissender Beobachter ist nicht mehr *vorurteilsfrei.*

Man muß sich vor Augen halten, wie eine solche Überprüfung vonstatten gehen muß, um zuverlässige Resultate zu erhalten. Hier ein Beispiel aus einer der vielen exakten Forschungen. Die neuropsychologische Abteilung des Clinical Sciences Center der Universität von Wisconsin ermöglichte dem Forscherteam unter Preston Harley geradezu traumhafte Untersuchungsmodalitäten. Über die gesamte Untersuchungszeit von acht Wochen hinweg wurde den beteiligten Familien die Ernährung für alle Familienmitglieder zur Verfügung gestellt. Alle bekamen abwechselnd, je nach Versuchsanordnung, entweder die von Feingold empfohlene Diät (frei von den angeschuldigten Nahrungsmittelzusätzen, Farbstoffen oder Salicylaten) oder eine all diese Stoffe enthaltende Normalkost. Vorher mußten sämtliche Lebensmittel aus den Häusern entfernt werden. Damit keine ungeprüften Speisen in das Haus gelangten, wurden sogar die Extras für Familienfeste oder Einladungen zur Verfügung gestellt, entweder Diät oder Normalkost. Die Kinder ließ man nicht darben. Man stellte spezielle Süßigkeiten und Backwaren her, auch wiederum ohne oder mit angeschuldigten Stoffen und – da ein Geburtstagskind immer Süßigkeiten in seiner Klasse zu verteilen pflegt – händigte dem Geburtstagskind die Plätzchen oder den Kuchen aus, damit das Versuchskind in dieser Klasse auch wirklich die im Versuch programmierte Diät erhielt. Man sagte allen Beteiligten nur, daß sie verschiedene Kost bekämen, sie wußten aber nicht, wann. In jedem Klassenzimmer saß ein geschulter Beobachter, der jeweils zwei Kinder beurteilen und ihr Verhalten protokollieren mußte, indem er eine große Zahl vorher festgelegter Punkte, wie körperliche Bewegungsformen (Aktivität), Arbeitsweise und Störverhalten fortlaufend registrierte. Ein Kind war das hyperkinetische Kind unter Diät oder Placebo, das andere Kind war ein in jeder Beziehung vergleichbares, jedoch nicht-hyperkinetisches Kind. Der Beobachter war insofern»blind«, als er nicht wußte, welches Kind nun das gestörte war. Außerdem wurden wiederholte Verhaltensprotokolle durch Eltern und Lehrer ausgefüllt und eine ganze Batterie von neuropsychologischen Tests durchgeführt, und zwar wieder unter Diät oder Placebo, bei normalen und bei HKS-Kindern, mit Provokation durch hohe Dosen Farbstoffe. Das Ganze lief über zwei Monate hinweg.

Ergebnis: Eine Wirkung der von Feingold angeschuldigten Substanzen auf das Verhalten war nur bei 1 % der Kinder feststellbar. Während die objektiven Testungen keine Unterschiede im Verhalten mit oder ohne Nahrungsmittelzusätze aufzeigten, berichteten Eltern und Lehrer, daß sich die Kinder unter der Feingold-Diät »hyperaktiver« benommen hätten, also eigentlich nicht das, was man erwartet hatte. Das war der Inhalt der abschließenden Würdigung, die das National Advisory Committee on Hyperkinesis and Food Additives 1980 in den USA erstellt hat. Es könnte sein, daß einige wenige Kinder auf bestimmte Nahrungsmittelzusätze mit negativem Verhalten reagieren. Nachweisbar ist das bisher jedoch nicht. Deshalb besteht keine Veranlassung, die Nahrung oder Ernährungsgewohnheiten hyperkinetischer Kinder ganz allgemein zu ändern. In Deutschland hat Steinhausen das Thema diskutiert.

2. Allergen-arme Kost

Eine Allergie ist eine veränderte Reaktionsbereitschaft des Körpers auf bestimmte Substanzen, meist Nahrungsmittel, Pollen, Teile von Tierhaaren oder von Milben, und zwar als Folge immunologischer Abwehrmechanismen. Es besteht ein gehäuftes gemeinsames Vorkommen von HKS und Allergie. Das bedeutet jedoch nicht, daß das eine Ursache des anderen ist. Conners berichtet (S. 178 seines Buches) über eine Untersuchung: »Als man bei allergischen Kindern alle Nahrungsmittel vermied, gegen die sie laut Allergietestung empfindlich waren, reagierten diese insgesamt nicht mit einer Veränderung ihres Verhaltens. Bei einigen jedoch zeigte sich eine deutliche Besserung, sowohl im Lernen als auch im Verhalten. Das deutet darauf hin, daß in dieser Gruppe unter einer größeren Anzahl von Kindern, die auf die Vermeidung bestimmter Nahrungsmittel nicht ansprachen, sich einige befanden, die sehr stark ansprachen.« Conners meint jedoch: »daß es sehr wenige solide Unterlagen gibt, die unsere Vermutung stützen, daß Nahrungsmittel-Allergien Verhaltens- und Lernprobleme verursachen.«

Die Beschäftigung mit den Nahrungsmittel-Allergien als Auslöser von Verhaltensstörungen ist schon älter.

Eine Vorstellung hat jetzt auch in Deutschland Einzug gehalten. Mit elektrischen Geräten stellt man die Allergie auf bestimmte Nahrungsmittel fest. Die Eltern bekommen dann eine lange Liste dessen, was sie vermeiden sollen. Auch hier gibt es keine Untersuchung von wissenschaftlichem Format, sondern nur Beobachtungen derer, die das praktizieren, und Zustimmung bei denen, die diese Eliminationsdiät durchführen, also die Eltern.

3. Phosphat-reduzierte Ernährung

Die »phosphatreduzierte Ernährung« ist hierzulande die populärste und am wenigsten erforschte. Ihre Befürworter vermengen in einer unüberschaubaren Liste Nahrungsmittelzusätze, Farbstoffe, phosphathaltige Arzneimittel und vermutlich allergene Nahrungsstoffe. Sie bieten zur Selbstdiagnose einen Fragebogen und einen Speicheltest an. Können drei von 34 Fragen mit ja beantwortet werden und liegt der pH-Wert des Speichels an mehreren Tagen hintereinander über 6,9, »liegt die Vermutung nahe, daß Ihr Kind phosphatempfindlich ist«. Auf die Vermutung hin wird die Lektüre eines Buchs von Frau Hafer und der Anschluß an eine Selbsthilfegruppe empfohlen, in der die Diät gelehrt wird. Die Bezeichnung der Kinder als »phosphatempfindlich« besagt, daß die Ursache des HKS an der Phosphatzufuhr liegt. All das ist völlig unbewiesen.

Bei der Phosphatintoleranz soll es sich auch um eine primär vorhandene Unverträglichkeit von Phosphat handeln, vergleichbar mit der Unverträglichkeit von Salicylaten und künstlichen Farbstoffen, wie sie Feingold vermutet hatte. Man glaubt, daß der Körper dieser Kinder Phosphat als giftige Substanz betrachtet und mit körperlichen und seelischen Symptomen darauf reagiert. In der Bundesrepublik Deutschland gibt es, von der Apothekerin Herta Hafer ausgehend, eine Bewegung, die Phosphor für das HKS verantwortlich macht. Sie sagt, wir nähmen zuviel Phosphor zu uns. Nach Einschränkung der Phosphatzufuhr würden die Symptome des HKS sich bessern oder verschwinden. Eine Nachprüfung dieser Behauptung an der Universitätskinderklinik in Mainz, in der recht aufwendig viele der uns zur Verfügung stehenden Forschungstechniken eingesetzt worden waren, konnte diese von Frau Hafer postulierten Zusammenhänge nicht bestätigen, nämlich die Verursachung des HKS durch Phosphor und seine Behebung nach Phosphorentzug. Bemerkenswert ist ferner, daß sogar erfolgreiche Mütter einräumen, daß diese Diät äußerst kompliziert ist, da sie schwer durchzuführen und schwer zu überwachen sei. Außerdem sei ein »Diäteinbruch« – besser Diätversagen – von einem bis zu drei Tage anhaltenden Rückfall begleitet. Viele Mütter erzählen, daß es während der Diät zu großen Spannungen zwischen den Geschwistern kam, als das HKS-Kind vieles nicht mehr essen durfte, und das oft in einem Alter, wo es den Kindern sowieso schwerfällt, eine gesunde gemischte Kost zu akzeptieren. Setzte man aber die ganze Familie unter phosphorarme Diät, so protestierten dagegen die anderen und beschimpften das hyperkinetische Kind, dessentwegen man »nichts mehr Gescheites zu essen« bekäme und dazu auf Süßigkeiten verzichten müsse.

Für den mit der Ernährungsphysiologie vertrauten Kinderarzt ist es ein recht unangenehmer Gedanke, daß bei der Einhaltung einer phosphorarmen Diät wertvolle Nährstoffe (Energieträger und Baustoffe), die für den kindlichen Organismus »essentials« darstellen, also unabdingbar notwendig sind, in zu geringem Maß aufgenommen werden. Wenn man etwa die Milch wegläßt, verzichtet man auf einen großen Teil des Kalziums, denn achtzig Prozent des Nahrungskalziums fließt den Kindern mit der Milch zu. Diese Diät, von der Apothekerin Hafer konzipiert, berücksichtigt in ihrer etwas einseitigen Ausrichtung auf Phosphor nicht die jedem Kinderarzt bekannten Grundbedingungen einer Ernährung für den heranwachsenden Menschen. So wurde in einer Untersuchung des Forschungsinstituts für Kinderernährung in Dortmund festgestellt, daß »die phosphorarme Diät« arm an Kohlehydraten, Rohfasern und Vitamin C sei, aber reich an tierischem Eiweiß und Cholesterin, und daß sie deshalb als Dauernahrung für Kinder nicht empfohlen werden könne. Sehr kritisch haben sich dazu die Deutsche Gesellschaft für Kinderheilkunde und die Deutsche Gesellschaft für Kinder- und Jugendpsychiatrie geäußert.

4. Reduktion von Zucker

Von Kalifornien ausgehend, verbreitete sich der Glaube, Zucker sei der »Inbegriff des Bösen«. Eine bekannte Filmschauspielerin schrieb ein Buch über die Kulturgeschichte des Zuckers, daß er Kriege verursacht hätte, und schon immer für den Menschen eher von Nachteil als ein Vorteil gewesen wäre. Sie selbst sei ein anderer Mensch geworden und nun glücklich und gesund, seitdem sie Zucker meide. Das Buch hatte großen Einfluß auf die Anti-Zuckerbewegung. In meiner eigenen Praxis finden sich einige Kinder, die auf hohe Zuckerzufuhr negativ reagieren. Auch hatten einige meiner mit Stimulanzien behandelten Kinder, sobald sie diese eingenommen hatten, von einem Tag auf den anderen keine Lust mehr auf Zucker oder Süßigkeiten.

Auch in Deutschland hat man sich der Sache schnell angenommen. Von der früheren Phosphat-Liga gibt es ein Merkblatt mit folgender Überschrift:»Z. B. Zucker vor Gericht, angeklagt Verbrechen zu verursachen.« Dazu wird eine Studie Schoenthalers aus einem Gefängnis referiert, eine Veränderung der Zuckerart und -menge in der Nahrung habe das Verhalten der Insassen gebessert. Es handelt sich um einen Abdruck eines Textes aus der amerikanischen Familienzeitschrift »Let's – Live« (Heft 2/84) mit der Überschrift »Diät und Verbrechen heute«. Die Schoenthaler-Artikel sind seit ihrem Erscheinen 1983 im »International Journal of Biosocial Research« wegen schwerer methodischer Fehlerquellen als nicht beweisfähig für die Behauptung angesehen worden, einfacher Zucker verändere das Verhalten des Menschen.

Wegen der Popularität der Anti-Zucker-Kampagne soll hier ausführlicher auf einige Untersuchungen eingegangen werden, die sich mit der Frage Zucker und Verhalten gründlich auseinandergesetzt haben.

Ronald Prinz ließ Mütter hyperkinetischer und normaler Kinder sieben Tage lang minuziös die Nahrungsaufnahme aufschreiben (1980). Bei der gezielten Beobachtung (Video, Einwegscheibe, »blinde Beobachter«) zeigten sich die hyperkinetischen Kinder, die in diesen sieben Tagen viel Zucker zu sich genommen hatten, deutlich aggressiver und etwas zappliger als die, die weniger Zucker gegessen hatten. Prinz wiederholte eine ähnliche Untersuchung 1986 mit 91 unauffälligen Kindergartenkindern und sah bei erhöhtem Zuckerkonsum eine verringerte Aufmerksamkeit im Test.

Andere wählten eine andere Versuchsanordnung: Sie versuchten nachzuahmen, was im Alltag aufgefallen war. Sie gaben eine Zuckerladung und beobachteten Kinder nachher, um zu sehen, ob das auftrat, worüber die Mütter der untersuchten Kinder berichtet hatten – nämlich extreme Unruhe, völlige Unaufmerksamkeit oder aggressives Verhalten. Auch hier wiederum Placebos und Blindbeobachtung durch Mütter, Lehrer und neutrale Beobachter, ergänzt durch Tests.

Ergebnis: Von wenigen Ausnahmen abgesehen, wurden keine oder nur geringe Unterschiede zwischen den Kindern, die die Zuckerladung und denen, die Placebos bekommen hatten, festgestellt. In einigen Untersuchungen schnitten Kinder mit Zucker sogar teilweise besser ab.

Dazu Beobachtungen aus meiner Praxis:»Immer, wenn er sich nicht wohl fühlt, nimmt er viel Zucker« (14jähriger Junge, Februar 1987). »Am Abend wird sie ganz kribbelig, und sie ruht nicht, bis sie etwas Süßes gefunden hat. Dann ist sie friedlich« (16jähriges Mädchen, Februar 1987).

Es ist durchaus denkbar, daß sich das Kind, wenn es unter Spannung steht, eine Streicheleinheit verordnen möchte – so wie der Raucher nach seiner Zigarette greift. Wenn daraufhin die Nervosität nicht verschwindet und die Mutter »einen ganz furchtbaren Ausbruch« erlebt, so kann man den Versuch der Beruhigung für mißlungen halten. Das Kind ist »außer Rand und Band geraten«. Wegen des Zuckers? Was berechtigt uns, dies anzunehmen? Vielleicht ist es vielmehr so, daß das Kind zu wenig oder zu spät zum Zucker gegriffen hat. Wie kommt es denn, daß Mütter in aller Welt seit alters her ihr Kind zu beruhigen versuchen, indem sie etwas Süßes, zum Beispiel süßen Tee, geben? Dem Kind schmeckt es, und wirken tut es offenbar auch. Ist es wirklich nur der angenehme Geschmack? Oder ist es die Erfahrung der Mutter – und später des Kindes –, daß man dadurch ruhiger wird?

Bei verschiedenen Untersuchungen zur Wirkung des Zuckers und anderer Kohlenhydrate zeichnete sich ein gewisser Trend ab. Eine kohlenhydratreiche Mahlzeit kann – unter bestimmten Voraussetzungen – Müdigkeit oder Beruhigung hervorrufen. Das mag der Grund dafür sein, daß hyperkinetische Kinder, denen ihre Nervosität ganz eindeutig zu schaffen macht, unbewußt zum Zucker greifen. Sie haben offenbar erfahren, daß ihnen dies hilft – und daß es eine ordentliche Portion sein muß. Vielleicht haben sie besonders dann ein großes Verlangen danach, wenn sie an der Grenze ihrer Belastbarkeit angelangt sind. Manchmal hilft das nicht oder nicht rasch genug. Sie können ihre Aggressivität nicht mehr steuern. Die Mutter führt das auf die Einnahme des Zuckers zurück. Wenn man berücksichtigt, wie schwach beruhigend eine kohlenhydratreiche Mahlzeit wirkt, wird es verständlich, warum ein stark hyperkinetisches Kind auf eine solche Mahlzeit viel weniger anspricht als ein weniger hyperkinetisches oder ein gesundes. Hyperkinetische Kinder spüren, wann sie Zucker brauchen. Ihnen Zucker zu verweigern, ist wider die Natur. Man verwehrt ihnen damit, sich selbst zu helfen.

Wie man sieht, sind die Verhältnisse sehr kompliziert. Nur sorgfältigste Forschung wird uns in die Lage versetzen, die Zusammenhänge zu durchleuchten. Ein kategorisches Verbot all dessen, was Kindern schmeckt – zum Beispiel Milch, Speiseeis, Zucker, Süßigkeiten –, und zwar für alle, die hyperkinetisch sind, ist ein absoluter Unsinn. Überdies müssen Kinder, besonders hyperkinetische, viel mehr Gebote und Verbote beachten, als ihnen verständlich sind. Wir sollten ihnen das Leben nicht noch schwerer machen – schon gar nicht als Folge solch unbewiesener Behauptungen und Dogmen.

Zu den verschiedenen Diätformen läßt sich somit folgendes sagen: In der Medizin geht es nicht an, Behandlungen einzuführen, die vorher nicht genau und mehrmals auf ihre Wirksamkeit überprüft wurden. Jede aufgestellte Hypothese muß einer mehrmaligen Beweisführung standhalten, damit sie Gültigkeit erhält. Es ist daher bedenklich, daß im Bereich der »diätetischen Therapie« Personenkreise eine Behandlung einführen – und diese von Patienten angenommen wird –, ohne daß sie vorher auf ihre Wirksamkeit überprüft wurde (etwa additivfreie oder phosphatreduzierte Diät).

Zusammenfassend wird festgestellt, daß

○ bei keiner Diät ein Zusammenhang zwischen beschuldigtem Nahrungsstoff (künstlicher Farbstoff, Salicylat, Allergen, Zucker, Phosphat, Medikamente) und Verhaltensauffälligkeit mit hinreichender Sicherheit bewiesen werden konnte;

○ bei den meisten der genannten Diäten außer den mutmaßlich verantwortlichen Stoffen eine ganze Reihe wichtiger Nahrungsbestandteile weggelassen wird;

○ konsequente Diäteinhaltung zu einer Fehlernährung führen kann;

○ die Schwierigkeiten einer konsequenten Einhaltung der Diät für die gesamte Familie eine psychische Belastung darstellen.

Es ist nicht auszuschließen, daß bestimmte Nahrungsmittel bei wenigen Kindern negative Reaktionen auslösen. Es ist nur dann angezeigt, ein Nahrungsmittel zu verbieten, wenn es nachweislich *immer* ein auffälliges Verhalten hervorruft. Es ist nicht empfehlenswert, bei jedem hyperkinetischen Kind global eine lange Liste von Nahrungsmitteln vom Speiseplan zu streichen, solange nicht bewiesen ist, ob überhaupt und in welchem Umfang sie vom Kind nicht vertragen werden.

Yetiv hält zur Zeit folgende Hypothese für angemessen: »Bestimmte Nahrungsstoffe sind in der Lage, bei *einem Teil* der Kinder hyperkinetisches Verhalten zu *verstärken*.«

B. Einige Erkenntnisse über den Einfluß der Ernährung auf das Verhalten von Kindern

Die Rolle des Eisenmangels

Es mehren sich die Hinweise, daß Eisenmangel zu einer Beeinträchtigung der geistigen und psychomotorischen Leistungen führt.

Es ist bekannt, daß die Eisenaufnahme in den Körper verringert wird durch Kaffee, Tee, Phytate (in Körnern und Kleie), Milch, Käse, Eier. Sie wird verbessert durch Fleisch, Fisch, Geflügel und Vitamin C. Deshalb empfiehlt sich – vom Gesichtspunkt der Eisenaufnahme her gesehen – zu den Mittag- und Abendmahlzeiten etwas Fisch, Fleisch oder Geflügel und als Getränke dazu Vitamin-C-haltige Getränke anstatt Tee oder Milch.

Die Rolle des Koffeins

In diesem Zusammenhang sei auf das Koffein-Entzugs-Syndrom hingewiesen, das Pearson und Rix so charakterisiert haben: Reizbarkeit, Nervosität, Unruhe, Kopfweh, Übelkeit; Schläfrigkeit, Abgeschlagenheit; Arbeitsunlust; Unfähigkeit, sich zu konzentrieren; »allergische« Symptome wie Nasenlaufen, Verstopfung der Nasenwege, Niesen. Die vermuteten allergisch bedingten Symptome entstehen, wenn Koffein nach längerem Genuß entzogen wird. Wenn man die oben genannten Symptome in die Beurteilung miteinbezieht, ist es klar, daß man das Ganze als »maskierte Nahrungsmittelallergie« mißdeuten kann. Koffein ist enthalten in Kaffee, Tee und in allen koffeinhaltigen Getränken.

Die Rolle des Frühstücks

Conners weist auf neuere Erkenntnisse hin, daß alle Kinder, besonders aber hyperkinetische Kinder eher optimales Verhalten und eine optimale Leistungsfähigkeit zeigen, wenn sie frühstücken, verglichen mit nichtfrühstücken. Ferner sei festgestellt worden, daß Zucker zu einem kohlenhydratreichen Frühstück die Leistungsfähigkeit der normalen und insbesondere der hyperkinetischen Kinder verschlechtert. Zucker zu einem eiweißreichen Frühstück verbessert sie jedoch.

Conners zieht daraus den Schluß: Zum Frühstück auf jeden Fall Milch dazugeben. Aus der Sicht des Kinderarztes bin ich mir mit den Eltern jedoch einig, daß dies leichter gesagt als getan ist.

Die Rolle der Kohlenhydrate

Nach den ausführlichen Erörterungen der Zuckerfrage in »Teil A« hier nur noch ein Hinweis Conners', daß jüngere Kinder spontan mehr Kohlenhydrate essen als ältere. Außerdem weist er auf die drei Wachstumsschübe im Gehirn – Vermehrung von Nervenverbindungen – hin, die mit ihren Spitzen zwischen 3 und 5, 9 und 11 sowie 12 und 14 Jahren liegen. Er hält es für denkbar, daß in diesen Zeiten vom Körper mehr Zucker angefordert wird.

Die Rolle der Schwermetalle

Über den Einfluß von Blei, Cadmium und Zink auf Verhalten und Lernvermögen wird viel geforscht. Nur für Blei ist ein gehäuftes Zusammentreffen von HKS und erhöhtem Bleigehalt im Körper bekannt. Aber auch hier ist ein ursächlicher Zusammenhang nicht mit Sicherheit nachgewiesen.

Angesichts der Widersprüchlichkeit des vorhandenen Datenmaterials aus der wissenschaftlichen Forschung sieht sich Conners zu recht bescheidenen Schlußfolgerungen gezwungen. Er weist darauf hin, daß die für den Gesamtorganismus ideale Nahrung noch lange nicht die ideale Nahrung für das Gehirn ist; und daß wir immer noch nicht wissen, was die ideale Menge von Nahrungsstoffen für die geistige Tätigkeiten ist.

5. Teil:
Faktoren, die das hyperkinetische Syndrom beeinflussen

Wie erwähnt, leiden die hyperkinetischen Kinder an einer angeborenen Stoffwechselstörung. Ihr Dopamin-Stoffwechsel im Synapsenraum ist ins Ungleichgewicht geraten und hat dadurch zu einer psychologischen Fehlsteuerung geführt, die sich wiederum in einer Verhaltensstörung äußert. Das ist das Erscheinungsbild, das wir zu sehen bekommen. Es gibt eine Reihe von Bedingungen, von denen angenommen werden kann, daß sie in der Lage sind, die Ausprägung, also die Deutlichkeit, mit der ein HKS in den Vordergrund tritt, zu beeinflussen. Meist werden diese Faktoren eine *verstärkende* Wirkung haben. Da sie im Gespräch sind, muß man sie näher betrachten.

Es ist wichtig, sich dessen bewußt zu werden, daß diese Faktoren keine »Mitursachen«, »Teilursachen« oder »andere Ursachen« darstellen. Eine überfüllte Schulklasse mit einem der großen Schülerzahl nicht gewachsenen Lehrer, eine Minderbegabung oder chaotische familiäre Verhältnisse können niemals ein HKS erzeugen, auch nicht im Zusammenwirken der drei hier genannten Faktoren. Sie können aber ein angeborenes HKS verschlimmern.

Des weiteren sollte bedacht werden, daß nicht eine Bereitschaft zum HKS vererbt wird, sondern das HKS selbst. Die Störung ist – wie die genaue Betrachtung der Kinder lehrt – immer da. Faktoren wie Erziehung, Schule, Intelligenz oder Umwelt sind keine Auslöser. Sie sind nicht notwendig, um sie manifest werden zu lassen. Sie zeigen sie nur auf. Durch sie gerät die Störung ins Rampenlicht. Sie lassen die Schwächen, die Fehlfunktionen sichtbar werden. Wenn wir eine Gesellschaft von Jägern wären, dann würde dem impulsiven jugendlichen Schützen höchstens das Wild davonlaufen, wenn er ungestüm durch die Prärie laufen und seinen Pfeil zu früh abschießen würde. Vielleicht gälte er auch als tapfer, wenn er sich tollkühn in Gefahr begäbe. Aber zum Häuptling würde er es trotzdem nicht bringen, weil ihm dazu Mäßigung und Umsicht fehlten. Aber immerhin, seine Störung würde ihm keine großen Probleme bereiten.

In unserer Zeit ist das anders. Dem Fortkommen des Jugendlichen und letztlich seinem Glück stehen andere Umstände entgegen. Er muß

ruhig sitzen, Wörter so schreiben, wie man sie nicht spricht, formschöne Buchstaben malen, unsinnige Rechtschreibregeln behalten, lateinische Sätze auflösen, deren Unterhaltungswert gleich Null ist und deren Informationswert auch nicht höher liegt, weil immer dasselbe ausgesagt wird. Deshalb tritt sie viel deutlicher in den Vordergrund: die Unfähigkeit, in mühevoller Kleinarbeit und mit viel Anstrengung und Bereitschaft sorgfältig seine Aufgaben zu lösen. Wenn die genetische Ausprägung stark genug ist, tritt das HKS schon im Säuglingsalter oder im Kindergarten, im Turnverein oder auf dem Bolzplatz, also außerhalb der anstrengenden Schule, immer im Zusammenhang mit folgenden positiv oder negativ beeinflussenden Faktoren auf:
1. Intelligenz
2. die äußeren Bedingungen des Schulalltags
3. das innere Gefüge des Schullebens
4. die Erziehung zur Gemeinschaftsfähigkeit
5. das Überangebot an attraktiven Freizeitbeschäftigungen
6. psychologische Faktoren
7. die Legasthenie
8. hochbegabte Kinder.

1. Intelligenz

Die HKS-Kinder sind wahrscheinlich nicht unintelligenter als die normalen Kinder. Da die Bestimmung des Intelligenzquotienten durch Unaufmerksamkeit beeinträchtigt werden kann, schneiden diese Kinder im allgemeinen im Intelligenztest schlechter ab. Es läßt sich sehr gut beobachten, wie die Aufmerksamkeitsstörung und die Intelligenz an der Ausprägung des HKS zusammenwirken. Intelligenz wirkt sich vor allem im Schulalter aus. Bei einer durchschnittlichen oder geringen Begabung schlägt das HKS relativ schnell durch. Das Kind ist dann schon in der Grundschule nicht fähig, die Lerninhalte wie erwartet aufzunehmen. Eine hohe Intelligenz hilft einem Kind, mit seiner Störung längere Zeit fertig zu werden. Es gelingt ihm besser, die Aufmerksamkeitsschwäche zu überspielen, so daß sie erst in höheren Schulklassen zum Tragen kommt. Selbstverständlich gibt es *auch* überdurchschnittlich begabte Kinder, die schon im Kindergarten oder in der ersten Klasse der Grundschule auffallen, weil der Grad ihres HKS so stark ist, daß auch eine noch so hohe Intelligenz die Störung nicht zu kompensieren vermag.

2. Die äußeren Bedingungen des Schulalltags

Ich halte es für möglich, daß unser Schulsystem einige Eigenarten in sich trägt, die für das Aufmerksamkeitsvermögen der HKS-Kinder von Nachteil sein könnten.

Einer der großen Nachteile für die Kinder, und für die HKS-Kinder im besonderen, ist meines Erachtens der lange Arbeitstag des Schülers, vor allem des Schülers einer weiterführenden Schule (Realschule oder Gymnasium). Zu den Stunden, in denen das Kind unter Anspannung steht, gehört auch die Zeit, die es – immer in voller Aktion – in einem öffentlichen Verkehrsmittel oder im Schulbus verbringt. Die große Mehrzahl dieser Schüler wohnt zu weit von ihrer Schule entfernt, um zu Fuß gehen zu können. Das Fahrrad verbietet sich häufig aus verschiedenen (z. B. Sicherheits-)Gründen. Auf diese Weise kommt man zu einer Abwesenheit von zu Hause bei den Zehn- bis Vierzehnjährigen von sechs bis sieben Stunden, bei den älteren von acht bis zwölf Stunden. Bei den jüngeren kommt noch ein- bis zweimal wöchentlich Nachmittagsunterricht hinzu.

Die Kinder sollen sich nach dieser Stundenzahl, die der deutsche Arbeitnehmer als Grenze seiner Belastungsfähigkeit betrachtet, noch voller Schwung und Arbeitslust an die Hausaufgaben machen. Als Beispiel der Stundenplan einer Gymnasiastin der zwölften Klasse:

	Schulzeit	Pausen	Freistunden
Mo	8.10–15.00	1 × 20 Min., 2 × 25 Min.	–
Di	8.10–15.00	1 × 20 Min., 1 × 15 Min.	8.55– 9.40
Mi	8.10–15.00	1 × 20 Min., 2 × 15 Min.	10.00–10.45
Do	7.25–15.00	1 × 20 Min., 1 × 15 Min.	12.30–13.30
Fr	7.25–15.00	1 × 20 Min., 2 × 15 Min.	–

Nur einmal in der Woche gibt es eine Mittagspause, nämlich am Donnerstag, da hier die Freistunde zufällig in die Mittagszeit fällt. Kein Erwachsener würde sich so etwas bieten lassen. Es gibt auch Schulen, in denen die Mittagspausen bis zu drei Stunden betragen. Die sogenannten »Fahrschüler« finden in der Mehrzahl der Schulen als Aufenthaltsraum ein Zimmer vor, das mit einem Maximum an Einfallslosigkeit ausstaffiert ist: ein in seiner Lieblosigkeit nicht mehr zu überbietender Raum, ein ausrangiertes Klassenzimmer mit harten Bänken, einem abgesperrten Schrank, einer alten Tafel und einer vergessenen Kreide.

Keine Kaffeetasse hat Platz, kein Radio. Die Folge ist, daß die Kinder es vorziehen, ins nächste Café zu gehen und dort Zigaretten zu rauchen.

Auch jüngere Kinder sind diesen Belastungen ausgesetzt, gezeigt am Beispiel eines 13jährigen Realschülers. Schulbeginn 7.45. Unterrichtsschluß 2mal 13.00, 2mal 13.50, 1mal 14.50 mit 15 Minuten Mittagspause. In den letzten Stunden der drei langen Tage sind z. T. Hauptfächer angesetzt.

Diese Zustände sind für unsere Kinder gesundheitsschädlich, weil unphysiologisch. Sie ignorieren die Notwendigkeit regelmäßiger Erholungsphasen. Die Arbeitszeit am frühen Nachmittag fällt in das Leistungstief des Menschen.

Es würde zu weit führen, die Ursachen hierfür zu untersuchen. Nur soviel sei angedeutet, daß sich eine Verteilung des Unterrichtsstoffs auf sechs Tage – anstatt der vielerorts eingeführten Fünftagewoche günstig ausgewirkt hätte.

Heute beklagt jeder den »Schulstreß«. Zu diesem Schulstreß trägt ja auch die zusammengedrängte Hausaufgabenzeit bei. Da die meisten deutschen Erwerbstätigen am Freitag zwischen 13 Uhr und 16 Uhr die Arbeit niederlegen, kann man vom Kind nicht erwarten, daß es dann noch voller Freude Hausaufgaben macht. Es bleiben also noch vier Nachmittage übrig, die das Kind als Pflichtarbeitszeit betrachten könnte. Es ist deshalb auch schwer, bei Kindern, die sowieso schon Schwierigkeiten mit dem zu lernenden Material haben, am Wochenende Eifer für schulische Pflichten zu wecken.

Auf der Strecke bleiben musische, mehr emotional betonte und sportliche Tätigkeiten, die für die Ausbildung einer ausgeglichenen Persönlichkeit besonders wichtig sind. Für HKS-Kinder sind sie, wie ein Blick auf ihre Notenspiegel lehrt, fast immer die einzige Möglichkeit für Erfolgserlebnisse; da sind die Blockflöten- oder Gitarrenstunden, Chor, Jugendgruppe, Sportverein und Schulorchester.

Wie wir gesehen haben, bleiben HKS-Kinder ohnehin mit viel größerer Mühe als andere Kinder bei der Sache. Sie geben schnell auf. Jede HKS-Mutter kann ein Lied davon singen, was man dem Kind schon alles angeboten hat, und wieviel Instrumente und sportliche Tätigkeiten es schon begonnen und dann wieder aufgegeben hat. Sicherlich, die mangelnde Ausdauer ist seine Eigenart. Aber sie ist schier unüberwindbar, wenn das Kind nach sieben Stunden Schule noch Hausaufgaben machen muß und dann auch noch Energie für das Erlernen eines Musikinstruments aufbringen soll. Wenn die Turnstunde am Nachmittag um 16 Uhr zu Ende ist, hat es kaum mehr Schwung zum

Lernen. Auf jeden Fall ist das kein Tageslauf, der Zeit zur Muße läßt. Kräftige Naturen überwinden das. Entweder sie schaffen es, so lange zu arbeiten, oder sie brechen aus und tun gar nichts mehr. Und was tun die HKS-Kinder? Wenn man ihnen nicht hilft, ist der Nachmittag ein kleines Martyrium. Ihre sowieso schon geringe Kraft und Ausdauer für ein gewinnbringendes Arbeiten am Nachmittag ist nahezu aufgebraucht durch die lange Abwesenheit von zu Hause.

Es sind beim Studium der Zeugnisse immer wieder zwei unterschiedliche Verläufe zu beobachten. Der eine ist die Entwicklung des Kindes, die von der ersten Klasse an langsam, aber stetig absinkt, so daß an einen Übertritt in eine weiterführende Schule gar nicht zu denken ist. Der andere ist die Entwicklung eines Schülers, der in den ersten vier Jahren der Grundschule gute Leistungen erbringt. Trotz des Vorhandenseins eines HKS scheint die Lernstörung durch das Kind noch kompensiert werden zu können, vielleicht durch die gute Begabung, die zuläßt, daß Lerninhalte punktuell, das heißt minutenweise erfaßt und im Gedächtnis wie in einem Puzzle zusammengesetzt werden. Das ist ganz anders als beim systematischen Aufbau des Wissens eines normalen Kindes. In der Realschule und im Gymnasium wird systematisches Arbeiten erwartet. Das Kind soll nun mehr Ausdauer besitzen, es soll in die Tiefe eines Problems dringen können, und es soll dazu Lernstragegien entwickeln.

Hinzu kommt, daß häufig der Übertritt ins Gymnasium, der von einem normalen Kind mit zehn Jahren, wie bei uns üblich, leicht bewältigt werden kann, vom HKS-Kind nicht verkraftet wird. Dort kommt er möglicherweise gerade ein Jahr zu früh. Es steht dann im weiteren Verlauf Jahr für Jahr einem Stoff gegenüber, der ihm nicht gemäß ist, seiner Entwicklung nicht angepaßt. Unser sicherlich noch sehr begrenztes Wissen um das »beiläufige Lernen« und den früher angedeuteten Sprung in der Gehirnentwicklung um das elfte Lebensjahr legt die Vermutung nahe, daß eine Verschiebung des Übertrittsalters den *leichter* gestörten HKS-Kindern helfen könnte, ihre Fähigkeiten mit den Erfordernissen des Gymnasiums in Einklang zu bringen.

Bei den *schwerer* gestörten HKS-Kindern nützt aber erfahrungsgemäß eine Verschiebung des Übertritts oder eine spätere Wiederholung einer Klasse nicht viel. Warum sind sie also in der Realschule oder im Gymnasium eingeschult worden, wenn ihr Naturell den Lerngepflogenheiten einer höheren Schule nicht angemessen ist? Ich glaube, es liegt daran, daß heute mehr Schüler in eine weiterführende Schule übertreten als noch vor fünfzig Jahren. Damals waren es höchstens zwanzig, heute sind es vierzig bis fünfzig Prozent. Vor kurzem erfuhr ich, daß aus einer vierten Klasse in einem Münchner Nobelviertel von vierundzwanzig Kindern dreiundzwanzig ins Gymnasium übertraten. Waren diese Kinder wirklich alle geeignet für das Gymnasium? Es liegt auf der Hand, daß mit der höheren Zahl übertretender Kinder auch eine größere Zahl von HKS-Kindern ins Gymnasium oder in die Realschule gelangt. Es bedarf schon einer hohen Intelligenz, um trotz eines HKS ein Gymnasium mit Erfolg zu durchlaufen. Ist diese nicht vorhanden, kommt es zu den unglücklichen Verläufen, die wir im ersten Teil des Buches kennengelernt haben.

Die äußeren Bedingungen des Schulalltags, nämlich die viereinhalbtägige Überlastung des Schülers, die allein schon ein Problem für den mit seiner mangelnden Ausdauer kämpfenden HKS-Schüler darstellt, werden ihrerseits zusätzlich noch verstärkt durch die Versetzung in eine Schulart, die seinen Möglichkeiten nicht angepaßt ist. Wenn deshalb der Eindruck entsteht, es gäbe mehr lerngestörte Kinder als früher, so ist der nur insofern richtig, als mehr solcher Kinder in *Erscheinung treten*. Sie waren früher auch da, wahrscheinlich in derselben Anzahl, aber sie blieben in der »Volksschule«, deren Ansprüchen sie gewachsen waren. Ihre Intelligenz, ob hoch oder niedrig, konnte sich in dieser Schulart entfalten und auch später, wenn sie Handwerker oder Facharbeiter wurden, wirksam werden.

3. Das innere Gefüge des Schullebens

Es geht um die Schule als eine soziale Organisation, um die Werte und Normen, die sie zu vermitteln vermag, und darum, ob die innere Struktur einer Schule ihre Schüler nachhaltig beeinflußt.

Professor Michael Rutter, Kinderpsychiater am Institute of Psychiatry an der Universität von London, leitete über neun Jahre hinweg eine höchst bemerkenswerte Untersuchung: 15000 Kinder wurden vor Verlassen der Grundschule, im dritten Jahr der Sekundarschule und nach Abschluß derselben getestet und interviewt; 2700 Schüler beurteilten mehrmals bis ins letzte Detail ihre Schule; 200 Lehrer nahmen teil; 500 Schulstunden wurden systematisch beobachtet; Videoaufnahmen in Gängen und Höfen während der Pausen sowie Fotografien der Gebäude und der Klassenzimmer gemacht. Man fragte nach dem Einfluß der Schule auf das Verhalten und die Entwicklung der Kinder. Man erfaßte möglichst viele Charakteristika der Schulen und setzte sie in Beziehung zum Benehmen der Schüler und zu ihren Fertigkeiten einschließlich der Abschlußprüfungen. Aus der Fülle der Einzelergebnisse seien einige auch für uns belangvolle herausgegriffen, wobei manchmal der Eindruck entstehen kann, als ob wir das alles ja schon gewußt hätten. Gewußt haben wir das nicht, aber geahnt. Wie unsicher doch unsere Vermutungen sind, zeigt ein Blick auf die nicht vermuteten Ergebnisse dieser Studie.

○ Das intellektuelle Gleichgewicht der Schülerschaft spielte eine Rolle, nicht die soziale oder ethnische Schichtung.

○ Schulen mit einem hohen Anteil farbiger Kinder oder Kinder aus Familien mit einem Vater, der einen »ungelernten Job« ausübte, schnitten nicht schlechter ab als andere Schulen.

Für die Schulen scheine es wichtiger zu sein, eine hinsichtlich intellektueller Fähigkeiten ausgewogene Schülerschaft zu besitzen als eine rassisch-sozial gleichgewichtige.

○ Belohnung, Lob, öffentliche Anerkennung, zum Beispiel Ausstellen guter Schülerarbeiten, verbesserte das Ergebnis.

○ Häufige Hausaufgaben, verbunden mit einer gewissenhaften Überwachung durch die Lehrer(!), verbesserte das Ergebnis (offenbar ist es doch wichtig, Kindern die Möglichkeit zur selbständigen Durchdringung eines Problems und zum Üben von Fertigkeiten zu geben).

○ Relative Freiheit in den Pausen, die Möglichkeit, im Gebäude zu bleiben und heiße Getränke wirkten in dieser Richtung.

○ Eigene Ausschmückung der Räume und der Schule waren verbunden mit besserem Benehmen.

○ Selbstverantwortung für eigene Bücher und Geräte führten zu besserem Verhalten, engagierterem Mittun und geringerer Kriminalität.

○ Schulen, in denen die Kinder leicht Zugang zum Rektor und zu Lehrern hatten, wenn sie Hilfe oder Rat brauchten, zeigten bessere Ergebnisse.

○ Höhere Erwartungshaltung des Lehrkörpers führte zu besseren Schulleistungen, und zwar unabhängig von der intellektuellen Zusammensetzung der Klasse.

○ Die Disziplin war besser an den Schulen, in denen ein allgemein verbindlicher »Ton« herrschte, ein Konsens zwischen den Lehrern, eine im Stil der Schulführung sich ausprägende Erwartungshaltung an Schüler und Lehrer. Dies erwies sich als günstiger als die Bemühungen eines einzelnen Lehrers, für sich und seine Klasse eine persönliche Zielsetzung zu erarbeiten.

Die Ergebnisse dieser Untersuchung legen verschiedene Schlußfolgerungen nahe. Kinder haben mehr Erfolg, wenn klare Ziele gesetzt werden, wenn man an sie »glaubt«. Es ist nachweisbar, daß die Leistungen der Kinder durch die Erwartung des Lehrers positiv beeinflußt werden. Auch aus anderen Studien berichtet Rutter, daß es wahrscheinlich weniger wichtig ist, welche Regeln existieren und wie für Disziplin gesorgt wird, als vielmehr, daß es überhaupt Regeln gibt, Normen und Werte, die für alle klar erkennbar sind und von allen anerkannt werden. Es zeigte sich außerdem, daß der schulische Erfolg der Kinder größer war, wenn dieser Konsens und die ihm vorangegangene Willensbildung von allen Lehrern getragen wurde. Eine klare Führung durch die älteren Lehrer, die die Vorstellungen der jüngeren Lehrer berücksichtigte, war die ideale Kombination. Nicht die äußeren Bedingungen – auch die Klassengröße und die Menge der für die Schule bereitgestellten finanziellen Mittel spielten keine Rolle im Ergebnis und im Verhalten der Schüler –, sondern vielmehr die innere Struktur der Schule war wichtig. Es kristallisierte sich heraus, daß der Konsens der entscheidende Faktor war, die Bereitschaft zur Zusammenarbeit aller, notfalls durch Hintanstellen individueller Bestrebungen, die Fähigkeit, sich einem gemeinsamen Ziel unterzuordnen. Die Kinder waren offenbar dort glücklicher, wo ihnen eine von allen mitvertretene Wertvorstellung vorschwebte. Der Ausdruck »vorschweben« ist nicht übertrieben, denn das Ziel ist ja etwas, was nicht unbedingt und schon gar nicht ununterbrochen ausgesprochen werden muß. Es ist der Geist einer Schule, der den Stil prägt. Und dieser Geist ist wichtiger als die einzelnen Maßnahmen. Er drückt sich in einer kaum greifbaren Autorität aus, die sich nicht in Strafen äußert, aber in feste Formen mündet. Daß Autorität darüber hinaus Menschlichkeit und Güte beinhalten muß, hat auch diese Studie deutlich gemacht.

4. Die Erziehung zur Gemeinschaftsfähigkeit

Feste Regeln, die Führung, die alle Kinder benötigen, wenn sie laufen lernen, ob über die Straße oder ins Leben, sind besonders wichtig für die HKS-Kinder.

Kinder wollen Regeln. Das kann jeder feststellen, der Kindern beim Gruppenspiel zusieht. Es dauert nicht lange, da etablieren sich ganz von selbst Spielregeln. Es geht nicht ohne Regeln. Je anspruchsvoller ein Spiel ist, desto komplizierter sind die Regeln. Hier bekommen hyperkinetische Kinder Schwierigkeiten, weil sie im sozialen Lernvermögen Schwächen aufweisen. Deshalb ist für sie die Erziehung im Hinblick auf die Einordnung in eine Gemeinschaft besonders wichtig. Ich habe den Eindruck, als ob bei den Eltern der Wunsch, dies zu erreichen, zwar vorhanden ist, aber nicht mit der nötigen Konsequenz verfolgt wird. Es fehlt die Rückendeckung, die jeder Erziehende braucht.

Es wird immer wieder an das Verständnis, das Gewährenlassen-Können, die Großzügigkeit und an ein hohes Maß an Einfühlungsvermögen appelliert, das die Eltern für ihre Kinder aufbringen sollen. Daraus folgt leicht, daß Eltern zwar gern ihren Kindern gegenüber konsequentes Verhalten zeigen möchten, aber durch Äußerungen der Umwelt verunsichert werden. Wir werden sehen, daß es Eltern aus zwei Gründen schwerhaben, ihre Erziehungsziele zu verwirklichen. Zunächst zum ersten Punkt, dem Fehlen eines allgemeinen Erziehungskodex. Früher sagte man:»Das tut man nicht!«Diese Wendung ist verpönt, weil die Anerkennung allgemein verbindlicher Gepflogenheiten in der Erziehung in Frage gestellt wird. Man glaubt, man müsse dem Kind jede Maßnahme neu erklären. Die Kinder haben jedoch die erste Erklärung verstanden, erinnern sich bei der nächsten Gelegenheit daran, haben aber gar keine Lust dazu, einer Forderung nachzukommen, wenn sie ihr durch Immer-wieder-erklären-Lassen und hinausgezögert durch unendliches Widersprechen ausweichen können. Was dem Kind fehlt, ist nicht das Eingehen auf sein angebliches Unverständnis, sondern ein Modell.

Einem HKS-Kind, das sich schwer tut, Sozialverhalten zu begreifen und zu erlernen, wäre geholfen, wenn seine Umgebung *Modell* wäre. Modell ist sie dann, wenn bestimmte sozial-positive Verhaltensweisen so fest eingeführt sind, daß sie nicht, wie heute üblich, dauernd von neuem in Frage gestellt werden. Wenn das Kind in einen Haushalt hineinwächst, wo die älteren Kinder bereits mit anpacken, wird es nicht so oft danach fragen, warum das so ist. Die älteren Geschwister sorgen für eine Antwort. Die Mutter ist entlastet. Und wenn es beim Rasenmähen das Nachbarkind auch noch im Garten Hand anlegen sieht, tragen beide ihr Schicksal leichter. Wenn man für die Mutter eine kleine Besorgung macht und trifft dabei einen Schulfreund, der auch in dieser Richtung aktiv ist, ist der Zorn über das unterbrochene Spiel schneller verraucht. Und wenn es einmal üblich ist, daß sich nach Tisch alle zusammentun, um die Küche aufzuräumen, läßt sich die Diskussion um häusliche Pflichten umgehen. Natürlich darf sich dabei der Vater nicht bereits vor den Fernseher verziehen. Selbstverständlich ist es mühsam, so etwas einmal einzuführen, aber wenn es einmal Routine geworden ist, ist es für alle Kinder leichter zu erlernen.

Den Eltern fehlt heute die von der Gemeinschaft (Gesellschaft) getragene Sicherheit, dieses oder jenes von einem Kind verlangen bzw.

erwarten zu können. Da sich die heutigen Eltern dauernd in Frage stellen, fällt es ihnen schwer, direktiv zu sein, klare Anforderungen zu stellen. Wenn Eltern genau wissen, was sie vom und für das Kind wollen, werden sie sicher und eindeutig Direktiven geben, die vom Kind verstanden werden. Damit sind wir beim zweiten Punkt, der zusätzlichen Verunsicherung der Eltern durch die Medien, d. h. die öffentliche Meinung.

Die psychologische Beeinflussung durch die Medien ist nicht aufbauend, sondern schwächend. Sie beeinträchtigt den Selbstbehauptungswillen der Erziehenden, indem sie Verstehen predigt, Sicheinfühlen verlangt, unreflektiertes Gewährenlassen für das Gebot der Stunde hält und verständnisinniges Kopfnicken zum Fehlverhalten des Kindes für angemessen erachtet. Wenn man das Kind nur zu verstehen versuche, und wenn man die im tiefsten Inneren des Kindes schlummernden Beweggründe für das, was wir fälschlicherweise als Fehlverhalten ansehen, erfahren könnte, erübrigten sich die erzieherischen Maßnahmen. Wenn man es nur mit mehr Zuwendung bedenke, ihm mehr Aufmerksamkeit schenke, es der Liebe der Eltern versichere, dann würde es schon von selbst in die Rolle des verantwortungsbewußten Erwachsenen hineinwachsen. Strafen sind verpönt, Liebe und Aufmunterung ist die einzige Form der heute noch erlaubten Verhaltensbeeinflussung, die des Menschen würdig sei. Außerdem»wollen wir doch keine superangepaßten Kinder«, heißt es. Und weiter hört man, die Kinder könnten ja nicht anders sein, angesichts»dieser Eltern«.

In den Medien wird oft mit realitätsfremden Spekulationen»hinterfragt«, warum wohl die Jugendlichen so aggressiv und so leistungsunwillig seien. Man zeigt ihnen volles Verständnis dafür, daß sie aus »dieser Leistungsgesellschaft« ausstiegen, da dies alles so unmenschlich, wider die Natur und»profitorientiert« sei, da könne ein gesunder Jugendlicher nicht mittun. Wie mir aus unzähligen Äußerungen von HKS-Kindern und anderen Kindern aus meiner Praxis bekannt ist, wissen sie ganz genau, was von ihnen verlangt wird. Sie tun es aber so lange nicht, wie sie nicht dazu gezwungen werden, es sei denn, sie hätten gerade zufällig Lust dazu. Sie gehen, wie wir alle, den Weg des geringsten Widerstandes. Neulich sagte ein Kind zu seiner Großmutter:»Wenn du mich nicht fernsehen läßt, weine ich so lange, bis du es erlaubst. Das mache ich bei Mutti auch, und dann wird sie ganz *zahm* und läßt mich fernsehen.« Es sagte nicht *weich*, sondern *zahm*, das heißt gefügig. Die Kinder manipulieren uns. Es kann keine Rede mehr davon sein, daß wir in der Lage sind, ihnen unseren Willen aufzuzwingen. Erstaunlich sind die freimütigen Bekenntnisse der Kinder, die gar kein Hehl aus ihrer Taktik machen und uns ein Rezept in die Hand geben, wie wir mit ihnen umgehen sollten. Und was setzen wir Eltern dieser ungebrochenen kindlichen Vitalität entgegen? Nicht einmal soviel, daß wir unversehrt bleiben. Wir wagen es nicht, da wir das Kind nicht »unterdrücken« wollen. Eltern die doch einmal ihren Willen durchzusetzen versuchen, bekommen vom Kind das Wort »du fiese Erpressersau« an den Kopf geworfen. Einer Mutter, der ich vor kurzem die Bedeutung der Konsequenz nahelegte, sagte die Tochter, die zuhörte: »Siehst du, Mutti, der Doktor sagt's auch: Du kannst nicht konsequent sein.« Das klang fast wie ein Vorwurf, eine Aufforderung, doch endlich einmal Stärke zu zeigen. Einen vierzehnjährigen Buben, dem während der Hausaufgaben belegte Brote gereicht werden mußten, wobei sich die Mutter darüber beklagte, daß er sich so bedienen lasse, und dessen Eintritt in ein Internat bevorstand, fragte ich: »Was tust du dann im Internat, wenn dir niemand mehr die ›Brotzeit‹ bringt?« – »Die mache ich mir dann selbst.« – »Und warum tust du das zu Hause nicht auch?« – »Weil bei uns immer jemand kommt, wenn man lange genug ruft.« In meiner Sprechstunde habe ich schon oft beobachtet, daß Kinder ihre Verhaltensmuster glasklar zu durchschauen vermögen, während die Eltern noch im dunkeln tappen.

Konsequenz und Disziplin in der Erziehung bedeuten nicht Strafe und Strenge, sondern Grenzen aufzeigen und Selbstbeherrschung. Werden unseren HKS-Kindern diese wichtigen Erziehungselemente nicht vorgelebt, fällt es ihnen unendlich schwer, Sozialverhalten zu lernen.

Die Rolle von gemeinsamen Wertvorstellungen und ihren erzieherischen Wirkungen auf hyperkinetische Kinder werden durch folgende Studie beleuchtet: Dorothea Ross, Forschungspsychologin an der Universität von Kalifornien in San Francisco, und Sheila Ross, Leiterin des Forschungsinstituts der Palo Alto Medical Foundation in Kalifornien, von welchen eine der gründlichsten Monographien über die »Hyperactivity« in der zweiten Auflage vorliegt, haben eine Hypothese vorgeschlagen. Sie erinnern daran, daß diese Störung in vielen Ländern bekannt ist, in hochindustrialisierten und in weniger entwickelten Ländern, zum Beispiel in Kanada, England, Schweden, Australien, Neuseeland, der Schweiz, Deutschland, Österreich, Südamerika, Uganda, Hawaii und Teilen des Südpazifik. Dagegen wird berichtet, daß es in der Volksrepublik China, in den Großstädten Japans, in Salt Lake City, wo ein hoher Anteil der Bevölkerung Mormonen sind, sowie unter mexikanischen Gruppen im Südwesten der USA buchstäblich keine hyperkinetischen Kinder gäbe. (Daß dies nur mit Einschränkungen gilt, geht aus dem von mir zitierten Bericht aus China hervor. Aber – im Sinn der Hypothese – auch in diesem Bericht aus China war die sehr kleine Zahl auffälliger Kinder bemerkenswert.) Die beiden Forscherinnen Ross schlugen folgende Betrachtungsweise vor: Die zeitgenössischen Kulturen unterscheiden sich hinsichtlich ihrer *Beständigkeit der grundlegenden Ansichten* (»consistency of basic tenets«) – in etwa: Wertvorstellungen – quer durch alle Institutionen, als da sind Familien, Schulen, Kirchen, Massenmedien und größere Organisationen. Es gibt Kulturen mit einer hohen *Beständigkeit* der Ansichten; Dogmen sind dort gefestigt; an Grundsätzen wird unbeirrbar festgehalten; folgerichtig erscheinende Lehren werden nicht in Frage gestellt. Solche Kulturen sind durch einen starken Gruppenzusammenhalt gekennzeichnet; sie betonen den Erfolg der Gruppe, ohne individuelle Anstrengungen zu übersehen; sie setzen Übereinstimmung voraus, die nicht von vornherein von bestimmten Fähigkeiten abhängig gemacht wird; und sie akzeptieren die Mitglieder ihrer kulturell definierten Gruppe vor allem deswegen, weil sie Mitglieder sind und nicht aufgrund besonderer Qualitäten. Individuelle Unterschiede werden kleingeschrieben. Die Lehrinhalte sind für alle Heranwachsenden gleich; und sie werden durch ein starkes Zusammengehörigkeitsgefühl in der Gruppe der Gleichaltrigen verstärkt. Als Beispiele nennen die Autorinnen die Volksrepublik China und, in kleinerem Maßstab, Salt Lake City und Internate auf religiöser Basis.

Im Gegensatz dazu stehen Kulturen mit *unbeständigen* Wertvorstellungen. Dort werden Unterschiede zwischen den Menschen großgeschrieben und persönliches Fortkommen honoriert. Die Mitglieder der Gesellschaft trennen sich schon frühzeitig auf der Grundlage von Religion, Herkommen, Sozialstatus und Ausbildung. In solchen Kulturen gibt es eine große Zahl von Subkulturen mit höchst unterschiedlichen Zielsetzungen, Dogmen, Gewohnheiten, die sich oft feindselig gegenüberstehen. Die Kinder empfangen sehr unterschiedliche Signale, manchmal diametral entgegengesetzte Botschaften von Familie, Schule und Massenmedien. In ihrer Gruppe werden sie nur wegen ihrer persönlichen Attribute akzeptiert. Die meisten Großstädte in der westlichen Welt fallen darunter, im Fernen Osten nur Tokio.

Die Autorinnen betonen, daß diese Einstellung nicht von vornherein mit Urbanisierung, hoher Technologie und kulturellem Tempo eines Landes gleichgesetzt werden kann. Sie glauben, daß die Kulturform mit den »beständigen« Wertvorstellungen dem hyperkinetischen Kind eher Struktur und Klarheit vermittelt, die ihm helfen, seine Schwächen besser im Griff zu behalten, weshalb in solchen Ländern oder sozialen Gruppierungen weniger HKS-Kinder auffallen.

5. Das Überangebot an attraktiven Freizeitbeschäftigungen

Heute besteht für jedermann mehr als früher die Möglichkeit, sich unterhalten zu lassen. Man braucht nur ein Gerät einzuschalten. Es wird häufig behauptet, das Überangebot an leicht »konsumierbarer« Unterhaltung, die man nur aufnehmen müsse, ohne sich dabei anzustrengen, würde den Kindern aus verschiedenen Gründen schaden, besonders, wenn sie »zuviel« genossen wird.

Es ist möglich, daß täglich ein bis zwei Stunden wahllos fernsehen oder der tägliche Besuch des Biergartens im Sommer bis zwölf Uhr nachts – ich kenne etliche Jugendliche, die das tun – Kinder davon abhält, ein Buch zu lesen. Die Telefongespräche unserer Kinder – buchstäblich stundenlang – halten auch vom Lesen ab. Es ist auch wahrscheinlich, daß die Übernahme des modischen Journalistendeutschs im Fernsehen die Kenntnis der deutschen Hochsprache nicht gerade fördert. Es ist ferner denkbar, daß drei Fernsehfilme hintereinander die Aufmerksamkeitsfähigkeit erschöpfen. An die »Reizüberflutung« durch das Fernsehen kann ich jedoch nicht so recht glauben.

Es ist möglich, daß all dies den Erwerb der in der Schule vermittelten Inhalte erschwert. Bewiesen ist es aber nicht. Daß brutale Szenen im Fernsehen einen negativen Einfluß auf das Sozialverhalten der HKS-Kinder haben, die zur Aggressivität neigen, ist ebenso denkbar. Es muß aber auch daran erinnert werden, daß Fernsehen, gezielt eingesetzt, Kindern Anregungen vermittelt. Einer meiner Patienten wollte »mal endlich in ein richtiges Theater«, als er den »Sommernachtstraum« im Fernsehen gesehen hatte. Andere Kinder malen die Löwen in der Wüste aus der Sendung, die eben zu Ende gegangen war. Ein Teenager nahm »Effie Briest« zur Hand, weil sie »es ganz genau wissen wollte, wie es in echt war«. Vielleicht können HKS-Kinder mit Hilfe ihres so stark ausgeprägten beiläufigen Lernens aus den Fernsehsendungen mehr entnehmen, als wir uns vorstellen können.

6. Psychologische Faktoren

Einer der psychologisch wirksamen Faktoren, dem immer wieder eine ursächliche Rolle bei der Entstehung des HKS zugeschrieben wird, ist die *Deprivation*. Dieses englische Wort ist sehr praktisch; es umfaßt, was man mit dem deutschen Wort Mangel nur unvollständig ausdrükken kann. Es heißt auch Entzug, Beraubung, Entbehrung. Man hat gesagt, ein Kind, dem es in einer bestimmten Entwicklungsphase an etwas mangele, leide für den Rest seines Lebens darunter. Seine Persönlichkeitsentwicklung würde dadurch nachhaltig beeinträchtigt und seine Zukunft unwiederbringlich verändert. In der Psychologie versteht man unter Deprivation die Entbehrung seelischer und körperlicher Wärme, mangelhafte Pflege (Verwahrlosung), keine angemessene Stimulation des Kindes und Mangelernährung. Selbstverständlich sind solche Erfahrungen für ein Kind von Nachteil, und sie beeinflussen sein Wohlbefinden und sein Verhalten. Aber das ist, wie die Literatur über schwerste Fälle von Deprivation immer wieder zeigt, häufig umkehrbar, heilbar. Eine einigermaßen geschickte und liebevolle Umgebung vermag selbst die schwersten Schäden in relativ kurzer Zeit auszugleichen. Das zeigt auch die eigene Erfahrung mit HKS-Kindern, die vor der Adoption eine Vielzahl von unfähigen und lieblosen Bezugspersonen (gelegentlich darunter sogar die leibliche Mutter) durchlaufen haben, ehe sie endlich in die geschützte Atmosphäre der Pflegefamilie aufgenommen werden konnten. Es ist nach allgemeinem Dafürhalten namhafter Fachleute sehr unwahrscheinlich, daß frühkindliche Deprivation in jedem Fall ein lebenslanges Fehlverhalten verursacht. Auf gar keinen Fall ist sie in der Lage, ein HKS zu erzeugen.

Ähnlich verhält es sich mit dem frühkindlichen *Trauma*. Trauma heißt Verletzung, aber auch Wunde. Im psychologischen Sprachgebrauch versteht man darunter eher die durch eine Verletzung gesetzte Schädigung des Kindes. Es heißt, solche in der frühen Kindheit entstandenen seelischen Verletzungen seien bestimmend für das ganze spätere Leben. Auch das HKS sei vermutlich durch solch ein Trauma entstanden oder zumindest mitverursacht. Die überragende Rolle des frühkindlichen seelischen Traumas als Verursacher von Fehlverhalten wird jüngst mehr und mehr in Frage gestellt. Auch für das HKS ist ein solcher Zusammenhang nicht erkennbar. Im Gegenteil: Einschlägige Untersuchungen von entsprechenden Kindern haben keine Verbindung zwischen Trauma und HKS ergeben.

Die *eheliche Disharmonie*, die immer wieder in Zusammenhang mit kindlichen Verhaltensstörungen, insbesondere mit dem HKS, gebracht wird, ist häufiger Gegenstand wissenschaftlicher Untersuchungen. Man sagt, daß Kinder darunter leiden würden, und daß sie deshalb verhaltensgestört seien. Das erste ist wahrscheinlich richtig, das zweite ist eine Behauptung, die noch nie bewiesen worden ist. So entstehen

Dogmen, die, weil sie eingängig und griffig sind, allgemein akzeptiert und immer weiterhin übernommen werden. Diese Ansicht wurde gestützt durch folgende Erfahrung: Man hatte Ehepaare interviewt, die zur Eheberatung gekommen waren. Ein häufiger Grund für eheliche Schwierigkeiten waren unterschiedliche Ansichten über die Erziehung ihres sehr schwierigen Kindes. Auch ein HKS-Kind kann – wie wir wissen – Ursache ehelicher Zerwürfnisse werden. Der Therapeut beurteilte nun Eltern *und* Kind, ein Verfahren, das den Fehler enthält, daß er bei der Beurteilung des einen Teils durch Vorwissen über die Probleme des anderen Teils beeinflußt sein kann. Der Einsatz »blinder« Untersucher sowie zuverlässiger statistischer Verfahren bei einer nicht ausgelesenen Bevölkerung ergaben jedoch, daß eheliche Probleme weder eine notwendige noch eine ausreichende Vorbedingung für das HKS darstellen.

Mißerfolgserlebnisse, Zurückweisung und *Ablehnung* durch andere, zu wenig *Liebe* und *Zuwendung* von den Eltern, das ist eine Meinung, die man immer wieder von Außenstehenden, das heißt von Menschen, die mit dem HKS nicht vertraut sind, zu hören bekommt. Sie glauben, dies seien Faktoren, die am HKS ursächlich beteiligt sein müßten. Weil dies die populärste Meinung ist, ist es notwendig, die verwickelten Zusammenhänge etwas zu entwirren. Wie wir schon gesehen haben, ist aggressives Verhalten schon in frühester Kindheit zu beobachten. Natürlich ist man weitergegangen und hat behauptet, daß vielleicht das Kind schon in der Neugeborenenperiode oder gar im Mutterleib Einflüssen unterlegen war, die es aggressiv werden ließen. Solche Behauptungen sind völlig aus der Luft gegriffen und bis heute unbewiesen. Bewiesen dagegen sind erste aggressive Verhaltensweisen bei einer Gruppe von HKS-Kindern schon im Kindergartenalter und vorher. Trotzdem ist der Glaube weit verbreitet, daß Aggressivität eine Folge schlechter Erfahrungen, etwa des Mißerfolgs, der Ablehnung durch andere und der Umwelt ganz allgemein ist. Aggressivität wird als sogenanntes Sekundärsyndrom betrachtet.

Wie wir gesehen haben, gibt es Belege dafür, daß jedenfalls ein Teil der aggressiven Kinder von Anfang an »so« ist und nicht erst durch die Einwirkung der Umwelt so wird. Es ist sehr gut möglich, daß die Spannungen, die sich durch ihr Verhalten in ihrem Umkreis aufbauen, ihre Aggressivität zu verstärken vermögen. Aber sogar hier liegt der Anstoß beim Aggressiven und nicht bei seinen Mitmenschen. Selbstverständlich verlangt die Umwelt soziales Verhalten vom Kind. Dieses Verlagen ist noch lange nicht unangemessen, es ist menschlich. Es ergibt sich aus den Notwendigkeiten des Zusammenlebens. Von schlechten oder gar schädlichen Umwelteinflüssen kann also keine Rede sein.

Bei den schon erwähnten New Yorker Langzeituntersuchungen von Thomas und Chess hat sich als eine der auffälligsten Temperamentskonstellationen das »schwierige Kind« ergeben. Wenn man diese Erscheinungsbilder genau betrachtet, scheinen sie Vorläufer des HKS zu sein. Thomas und Chess weisen darauf hin, daß bestimmte Anforderungen aus der Umwelt für diese schwierigen Temperamente ein Übermaß an Streß darstellen, nämlich typischerweise die Forderungen nach »Sozialisierung«, wobei hier »das Verlangen an das Kind, es möge seine spontanen Reaktionen und Verhaltensmuster denen der Familie, Schule oder der Gruppe der Kameraden anpassen«, gemeint ist.

Das heißt: Das Verlangen des Mitmenschen nach sozialem Verhalten ist für das schwierige Kind Streß. Es fällt ihm schwer, diese Regeln einzusehen und – wie wir gesehen haben – zu erlernen. Es hat keine Befähigung dazu. Es ist primär dissozial und – wenn man die Dimension Aktivität oder Hyperaktivität und Impulsivität hinzunimmt – dazu noch aggressiv. Die Gesellschaft, die einen minimalen sozialen Konsens erwartet, reagiert ablehnend. Daraus entsteht für das Kind ein Mißerfolg seines Bemühens um soziales Eingebundenwerden. Viele derartige Mißerfolge *verstärken* in ihm seine Neigung, dem anderen als Gegner, aggressiv, zu begegnen.

Der Umstand, daß ein Kind als Säugling tagsüber in einer Kinderkrippe war, als Kleinkind in einem Ganztagskindergarten oder als Schulkind nachmittags im Hort, wird immer wieder als Nachteil für das Kind, als Quelle eines möglichen seelischen Traumas oder als Nachteil für seine seelische Entwicklung hingestellt. Es wird unterstellt, daß solche Kinder, weil sie nicht im Schoß einer Familie aufwuchsen und der »Nestwärme« entbehrten, eher eine Verhaltensstörung, besonders ein HKS, bekämen. Es wird eine Entbehrung postuliert, die »natürlich« beim Kind eine Störung bewirke.

Folgendes zu erwähnen erscheint deshalb so wichtig, weil immer wieder von Müttern darüber geklagt wird, daß sie sich in der Erziehungsberatung oder von Lehrkräften sagen lassen mußten: »Ach so, ihr Kind ist ja im Hort!« Das heißt: »Jetzt wird verständlich, daß es nicht lernt und daß es so schwierig ist.« Eine andere taktvolle Bemerkung ist häufig: »Ach ja, Sie sind ja geschieden. Da ist es klar, daß sich das Kind nicht konzentrieren kann. Das sehen wir immer wieder.«

Hier sind wir beim Thema der *alleinerziehenden Mütter* oder *Väter*, ob geschieden oder ledig. Auch hier wird gesagt, daß dieser Umstand

Grund dafür sei, daß ein Kind gestört sei. Auch das ist eine völlig aus der Luft gegriffene Behauptung. Auch hier meint man wieder den naheliegenden Schluß ziehen zu dürfen, daß »Alleinerziehung« schlechter sei als die »Zweiererziehung«. Wie ein Symposium über die Frage »Kinder aus geschiedenen Ehen« auf einem der letzten Fortbildungskongresse der amerikanischen Akademie für Kinderheilkunde gezeigt hat, sind die Zusammenhänge so komplex, daß man sie kaum entwirren kann. Es ist auf alle Fälle nicht richtig, »Alleinerziehung« als Ursache für eine Verhaltensstörung, zum Beispiel ein HKS, heranzuziehen.

Es ist bekannt, daß in den *sozial benachteiligten Schichten* mehr Verhaltensgestörte, also auch HKS-Kinder zu finden sind, aus folgenden Gründen: Erstens treten sie dort mehr ins Rampenlicht, weil es den Eltern weniger leicht gelingt, eine vorhandene Störung durch alle möglichen Hilfen auszugleichen. Zweitens gibt es wahrscheinlich unter den sozial Schwachen tatsächlich mehr HKS-Kinder. Es ist jedoch wichtig zu beachten, daß gleichzeitiges Vorkommen von sozialer Schwäche und HKS nicht bedeutet, daß die soziale Lage ein HKS verursacht. Wenn in einer Untersuchung danach geforscht worden war, ob ein solcher kausaler Zusammenhang bestünde, war die Antwort stets negativ. Also: *gemeinsames Vorkommen – ja. Ursache – nein.* Diese Befunde sind deshalb so wichtig, weil unter konstanter Ignorierung vorhandener wissenschaftlicher Unterlagen bzw. trotz nicht vorhandener Beweise für einen kausalen Zusammenhang behauptet wird, sozial Benachteiligte oder einkommensschwächere Schichten seien als solche ursächlich am Zustandekommen eines HKS beteiligt.

Andere Forscher, die große Erfahrung mit dem HKS bei Kindern und bei Erwachsenen haben, haben eine andere Verlaufsrichtung der Entwicklung erkannt, die sich voll mit meinen eigenen Erfahrungen deckt.

Ausgangspunkt sind die schwer Gestörten und zugleich nicht besonders Intelligenten unter den HKS-Kindern, also die von vornherein mit ungünstigen Vorzeichen startenden Menschen. Sie haben schon sehr früh mit ihrer Aggressivität zu kämpfen, die sich ihnen überall in den Weg stellt, vom Kindergarten bis weit in die Berufsausbildung hinein, und die in der Familie und im Freundeskreis, am Arbeitsplatz und bei der Partnersuche eine Belastung darstellt. Ihre schulischen Schwierigkeiten erlauben nicht einmal einen sehr guten Hauptschulabschluß. Dadurch wird die Auswahl an weiteren Ausbildungsmöglichkeiten eingeschränkt. Es besteht die Möglichkeit, daß der Jugendliche in eine Laufbahn gerät, die ihm nicht liegt. Er war schon im Elternhaus unausstehlich. Es fehlt ihm die wärmende und schützende Gruppe des Freundeskreises. Jetzt ist er auch noch in seinem Beruf unzufrieden. Kein Wunder, daß er sich schnell zu einem Partner flüchtet. Impulsiv, ohne Vorbedacht, ohne Empfängnisverhütung, kommt es zu einer Schwangerschaft, ehe auch nur eine annähernd ausreichende oder zumindest für die Zukunft erfolgversprechende berufliche Stabilisierung erreichbar ist. Diese Eltern haben es »nicht weit gebracht« und bleiben deshalb »wirtschaftlich benachteiligt«. (Es gibt Geschwisteruntersuchungen, die ganz eindeutig zeigen, daß die nicht-hyperkinetischen Brüder von hyperkinetischen Jugendlichen später auf der sozialen Stufenleiter viel höher stiegen.)

In diese in vielerlei Hinsicht »beengte« Situation kommt nun ein Säugling mit einem ausgeprägten HKS-Temperament. Wie oft ergreift der Vater die Flucht und läßt die Mutter mit all ihren äußeren und inneren Schwierigkeiten allein zurück. Hier ist meines Erachtens auch der Grund dafür zu suchen, daß hyperkinetische Kinder besonders schnell zur Adoption freigegeben werden. Und hier sehen wir all die negativen Kräfte, die auf eine Mutter einstürzen, die eben ein Kind ausgetragen und geboren hat. Die Wochen nach der Geburt sind schon für eine Mutter in gesicherten Verhältnissen schwer. Wieviel schwerer müssen sie für eine Mutter sein, die mit sich nicht im reinen ist und dennoch alles richtig und für das Kind alles gut machen möchte, sich aber einem Wesen gegenübersieht, mit dem man nicht fertig wird.

Auch wenn das Kind zu Hause bleibt, wird der Kampf um ein bißchen Lebensqualität für die Mutter (oder die Eltern) das Kind in Mitleidenschaft ziehen, ein Kind, das wegen seiner eigenen Störung auch nicht das allerglücklichste ist. Hier sehen wir nicht nur einen Teufelskreis nach dem anderen, sondern eine von Generation zu Generation immer prekärer werdende Lage, die noch dadurch kompliziert wird, daß die Erwachsenen auch mit ihrem Temperament zu kämpfen haben. Sie sind jähzornig geworden, unberechenbar in ihren Handlungen, unstet in der Arbeit, stimmungslabil, nicht belastungsfähig, und sie neigen zum Trinken (Männer) oder hysterischen Reaktionen (Frauen) – ein sich fortzeugendes Unglück.

Es kann nur durch eine Veränderung des Menschen, der betroffen ist, gebremst werden. Eine Veränderung der äußeren Verhältnisse bewirkt nichts. Es ist sehr wichtig, das zu erkennen. Soziale Hilfsprogramme nützen hier wenig. Diese Menschen können sie nämlich gar nicht richtig einsetzen. Sie müssen vielmehr durch eine Behandlung in die Lage versetzt werden, sich selbst zu helfen. Das stabilisiert viel mehr als eine von außen kommende Unterstützung.

7. Die Legasthenie

Einen weiteren Verstärker stellt die Lese-, Rechtschreibschwäche für das HKS-Kind dar. Hier verhält es sich ähnlich wie bei den Lernstörungen. Wie Safer und Allen in ihrer Monographie über hyperkinetische Kinder angeben, haben 70 bis 80 Prozent der hyperkinetischen Kinder Lernstörungen. In den Lernstörungen sind die Lese- und Rechtschreibschwächen enthalten. Es ist sehr schwer, diese Komponenten zu trennen. Wenn man die sehr gründlichen und durch eigene jahrelange wissenschaftliche Tätigkeit wohl fundierten Ergebnisse, die Edith Klasen in ihrem Buch »Das Syndrom der Legasthenie« niedergelegt hat, einem aufmerksamen Studium unterzieht, wird man sich dessen bewußt, daß die große Mehrzahl der legasthenischen Kinder auch an HKS-Symptomen leidet. Auch die genetischen Zusammenhänge werden deutlich, sowie das Fehlen psychosozialer ursächlicher Bezüge. Es scheint, als ob von Lehrern oder Psychologen, die mit der HKS-Symptomatik nicht vertraut sind, gelegentlich fälschlicherweise eine Legasthenie diagnostiziert wurde, wenn es sich in Wirklichkeit um ein reines HKS-Kind oder um ein HKS plus Legasthenie handelt. Viele sogenannte »Legastheniker« verlieren nämlich Lese- und Rechtschreibprobleme unter Behandlung mit Stimulanzien sofort. Bei einem Teil bleiben sie aber trotz Besserung in allen anderen schulischen Tätigkeiten bestehen. Hier kann man den Schluß ziehen, man habe ein HKS, gekoppelt mit einer Legasthenie, vor sich.

8. Hochbegabte Kinder

Die hochbegabten Kinder waren immer schon von einer Aura des Geheimnisvollen, von Mythen umgeben. Man hat ihnen nachgesagt, sie seien körperlich nicht fit, exzentrisch und unsozial, und sie würden auf einem schmalen Grat zwischen Genius und Geisteskrankheit wandern. Frühreif und »früh ausgebrannt« nannte man sie auch noch. Man hat gesagt, weil sie so klug seien, wären sie im normalen Schulunterricht unterfordert, und deshalb würden sie den Unterricht stören, sich nicht konzentrieren, nichts mehr tun, und sie fielen deshalb trotz ihrer hohen Intelligenz ab.

Diese Kinder waren Gegenstand eines Symposiums während der Jahresfortbildung der amerikanischen Akademie für Kinderheilkunde 1982 in New York. Aber schon früher hatten sie das Interesse der Forscher geweckt. So kam es zu der berühmten Studie von Dr. Lewis Terman, der von 1921 an 1500 Kinder über 25 Jahre hinweg beobachten und untersuchen konnte. Sie ist eine wahre Fundgrube, in der vieles zutage kam.

Weil anzunehmen ist, daß in Kürze auch hochbegabte Kinder – selbstverständlich auch »gesellschaftsgeschädigt« – mehr Interesse in Anspruch nehmen werden, seien die wichtigsten Untersuchungsergebnisse der Termanschen Studie skizziert. Die hochbegabten Kinder waren originell, humorvoll, heiter, emotional stabil, sozial gut eingestellt; sie hatten Selbstvertrauen; sie besaßen die Fähigkeit vorauszudenken; sie blieben bei einer Sache; sie waren körperlich stabil und gesund; sie besaßen eine hohe Konzentrationsfähigkeit und große Ausdauer für jegliche Tätigkeit. Auch in allen anderen intellektuellen Dimensionen zeigten sie überdurchschnittliche Fähigkeiten. Sie waren vielseitig und hatten Führerqualitäten, waren im Sport gut, waren kreativ und auch im künstlerischen Bereich einschließlich Tanz, Theater und Musik über dem Durchschnitt.

Was war 25 Jahre später aus ihnen geworden?

Der hohe Intelligenzgrad war gehalten worden. Ihre Originalität und ihr überdurchschnittliches Sozialverhalten war immer noch bemerkenswert. 90 Prozent von ihnen hatten die Universität besucht, etwa achtmal soviel wie damals üblich. 96 Prozent hatten einen akademischen Beruf oder eine hohe Stellung in der Geschäftswelt. Auffallend war eine überdurchschnittlich hohe Eheschließungsrate (nicht mehrmals, sondern einmal), eine hohe soziale Anpassungsfähigkeit und eine niedrige Kriminalitätsrate. Es ist also festzuhalten, daß die Gruppe dieser Kinder eher weniger schulische, soziale oder emotionale Probleme zu haben scheint als die der normal oder unterdurchschnittlich begabten. Da das HKS mit jedem Grad von Intelligenz kombiniert vorkommen kann, ist es durchaus möglich, daß auch unter den hochbegabten Kindern HKS-Kinder vorkommen. Das ist kein Widerspruch zu dem oben Gesagten, denn jene Aussagen beziehen sich ja auf die Gruppe, auf Mittelwerte und nicht auf jeden einzelnen. Deshalb gibt es auch Ausnahmen.

6. Teil
Die Diagnose – Zur Problematik umfangreicher diagnostischer Prozeduren

Für die Diagnose benötigt der Kinderarzt vor allem viel Zeit, in der er sich die Geschichte des Kindes erzählen läßt. Wenn er mit der Problematik des HKS vertraut ist, kann er allein aus der Vorgeschichte eine Diagnose stellen.

Selbstverständlich wird ein HKS-Kind nach kinderärztlichen Gesichtspunkten untersucht. Man wird auch das Sehvermögen prüfen, weil man trotz der Vorsorgeuntersuchungen relativ häufig Sehstörungen entdeckt. Man wird auf eine, vielleicht gleichzeitig vorhandene, minimale oder manchmal recht auffällige zerebral bedingte Bewegungsstörung achten. Viele Ärzte in Deutschland ordnen ein EEG an, obwohl das EEG, wenn es routinemäßig abgeleitet wird, keinerlei Erkenntnis hinsichtlich des HKS bringt. Deshalb wird in Nordamerika auf eine EEG-Ableitung verzichtet.

Angesichts der Tatsache, daß Psychologen bei verhaltensgestörten Kindern eine Reihe von Tests durchführen, erhebt sich die Frage, ob es nicht sinnvoll ist, solche Tests zur Diagnose des HKS einzusetzen.

Tests haben – verglichen mit der lebendigen Schilderung der Symptomatik durch die Eltern – einen Nachteil. Sie zeigen nur einen Ausschnitt. Beispielsweise wird isoliert die Aufmerksamkeit, das Gedächtnis oder Leistungen der Wahrnehmungsbereiche getestet. Hierbei werden isolierte Fähigkeiten und Defizite ermittelt. Der Arzt oder der Psychologe laufen dabei aber Gefahr zu übersehen, daß sie das kindliche Leistungsverhalten nur an einer kleinen Stelle überprüft haben. Sie haben ein »Guckloch« erwischt. Von diesem »Einblick« wird ein hohes Maß an Information erwartet. Es besteht die Gefahr, das Ergebnis überzubewerten.

All diese Einschränkungen sind bei der Auswertung eines Interviews nicht in dem Maße gegeben, weil man hier eher das ganze Bild des Kindes zu sehen bekommt. Zu leicht wird die Beobachtung und die Beachtung des sichtbaren Verhaltens als »oberflächlich« abqualifiziert. Wichtig ist, ob das Kind das dem HKS zugeordnete Erscheinungsbild bietet.

Die elterliche Beobachtung und Information besitzt somit das schwerste Gewicht für die Diagnose. In die Erhebung der Krankengeschichte sind selbstverständlich alle Beobachtungen aus dem Kindergarten und aus der Schule einschließlich der Zeugnisse eingeschlossen. Paul Wender, Professor für Psychiatrie und Kinderheilkunde, hat schon 1971 in seiner bahnbrechenden Monographie »Minimal Brain Dysfunction in Children« auf die praktische Bedeutungslosigkeit psychologischer Testungen und neurologischer Untersuchungen für die Erstellung der HKS-Diagnose hingewiesen und betont, daß die Erhebung der Krankheitsgeschichte das allerwichtigste Instrument sei.

7. Teil:
Wie kann man einem
hyperkinetischen Kind helfen?

Die Geschichte der Stimulanzienbehandlung

Aus der großen Gruppe der Psychopharmaka kommen nur die Stimulanzien (in Deutschland sind dl-Amphetamin und Methylphenidat im Handel) in Frage. Alle anderen Psychopharmaka haben entweder eine zu geringe, gar keine oder eine verschlechternde Wirkung auf das HKS, so etwa alle Beruhigungsmittel und Tranquilizer. Das Wort Stimulans gibt nur eine von mehreren Wirkungen des Arzneimittels wieder, wie das bei vielen Pharmaka der Fall ist. Bei der Benennung einer körperwirksamen Substanz geht üblicherweise die zuerst festgestellte Wirkung in den Namen ein. Der bleibt ihr, obwohl in der Folge noch eine ganze Reihe anderer Wirkungen festgestellt werden, die unter Umständen der ursprünglich entdeckten Wirkung diametral entgegengesetzt sind. So hat man zum Beispiel Amphetamin als Medikament zum erstenmal in den dreißiger Jahren gegen ein Anfallsleiden eingesetzt, bei dem der Kranke Schlafanfälle bekommt. Später benutzten es die japanischen Piloten im Zweiten Weltkrieg als Weckmittel, und noch später setzte man es zur Behebung von Vergiftungen des Atemzentrums und dann als Appetitzügler ein. Hier wollte man eine der Wirkungen, die der Appetithemmung, als Hauptwirkung ausnutzen. Wir Kinderärzte sehen diese appetithemmende Wirkung nicht gerne und bezeichnen sie als Nebenwirkung, als unerwünschten Begleiteffekt. Die von uns erwünschte Hauptwirkung hat nun mit dem Wort Stimulans nicht mehr viel gemeinsam. Es hat zwar den Anschein, als ob bestimmte Bezirke des Hirns stimuliert würden, aber der Patient wird, vom Erscheinungsbild her, ruhiger. Man sieht, daß man sich auf pharmakologische Bezeichnungen im sprachlichen Sinn nicht verlassen kann, ein jedem Mediziner geläufiges Phänomen, für den Nichtmediziner jedoch die Gefahr der Täuschung.

Wenn nun festgestellt wird, daß HKS-Kinder ruhiger, besonnener, umsichtiger, entspannter, genauer, aufmerksamer und zufriedener werden, so ist das keine»Dämpfung«, wie das oft so gesehen wird, sondern eine ganz spezifische Verhaltensänderung, die gar nichts mit

Herabminderung von Aktivität oder Denkfähigkeit, mit Absenkung irgendwelcher seelischer oder geistiger Vorgänge zu tun hat. Es tritt keine Beruhigung im oberflächlichen Sinn ein, sondern eine »Ermächtigung« des Kindes, Kontrolle über sich auszuüben. Es kann plötzlich das tun, was es immer schon wollte, aber nie zustande gebracht hatte. Hier soll noch einmal eindringlich darauf hingewiesen werden, daß zwar die *Impulsivität* verschwindet, aber nicht die *Originalität*. Im Gegenteil, die Kinder können jetzt ihre originellen Gedanken verwirklichen. Früher war das alles unerfüllbarer Wunsch geblieben, dessen Ausführung an ihrer Störung gescheitert war.

Wie kam man darauf, Kindern Stimulanzien zu verabreichen? Professor Maurice Laufer nahm meines Wissens als erster die Erforschung dieser Substanzen systematisch in Angriff. Er war bei Charles Bradley Oberarzt und später Direktor am Emma Pendleton Bradley Hospital in Providence in Rhode Island, USA. Dieses Haus war 1931 von Eltern eines einzigen schwer retardierten (geistig behinderten) Kindes zur Hilfe für andere neurologisch kranke Kinder gestiftet worden. Von Anfang an wurden hier auch verhaltensgestörte Kinder aufgenommen. Sie wurden von Psychologen und Kinderpsychiatern betreut, die alle eine gründliche psychoanalytische Ausbildung absolviert hatten, und von Kinderärzten, die die neurologische Abklärung unter sich hatten. Die Kinder wurden vor allem psychotherapeutisch behandelt. Die Versorgung mit Sozialarbeitern, Beschäftigungstherapeuten und spezialisierten Schwestern war großzügig. Das Haus war – und ist es heute noch – ein wirkliches Heim für diese Kinder.

Hier hatten sich nur Kinder mit schweren Verhaltensstörungen angesammelt. Neben retardierten Kindern und solchen mit schwerem HKS waren es vor allem die, die eine von-Economo-Enzephalitis (Gehirnentzündung) durchgemacht hatten. Man hoffte, ihnen helfen zu können, indem man Abnormitäten im Gehirn suchte, um sie eventuell einer neurochirurgischen Behandlung zuführen zu können. Man hatte nur das 1933 eingeführte EEG und die Luftfüllung der Gehirnventrikelräume zur Verfügung. Leider zog letztere schwere Kopfschmerzen nach sich. In der Absicht, die Rückenmarksflüssigkeit möglichst schnell durch Verabreichung eines leicht blutdrucksteigernden Mittels wieder aufzufüllen, setzte man Amphetamin ein. Als Tage später dieses Mittel abgesetzt wurde, weil die Kopfschmerzen verschwunden waren, begrüßten die Jugendlichen die Ärtze bei der täglichen Visite mit der Frage, warum sie die »Mathe«-Pillen nicht mehr bekämen. Auf die erstaunte Frage, was sie damit meinten, erzählten sie den verdutzten Ärzten und Therapeuten, daß es ihnen, als sie diese Pillen bekommen hatten, in der Schule viel besser ergangen sei. Auch die Hausaufgaben hätten sie schneller hinter sich gebracht. Und dazu berichteten die Schwestern und die Beschäftigungstherapeuten, daß man mit den Kindern viel besser arbeiten könne. Charles Bradley, der damalige Direktor des Hauses, ging der Sache nach und setzte Amphetamin nun gezielt, das heißt genau dosiert und mit sorgfältiger Beobachtung und Testung, ein.

Aus dem ersten Bericht von Bradley, 1937 »American Journal of Psychiatry« publiziert, ist das Staunen über diese Entdeckung zu vernehmen: »Die auffälligste Verhaltensveränderung durch Einsatz von Benzedrin (das ist d-Amphetamin) ist das dramatisch veränderte Lernverhalten bei der Hälfte der Kinder. Das ist um so auffälliger, wenn man bedenkt, daß diese Kinder eine gute Intelligenz besaßen und daß man ihren Verhaltensstörungen große therapeutische Aufmerksamkeit widmete, die ihrem schulischen Fortschritt hätte zugute kommen müssen. Auch waren sie bereits in einer besonderen Schule mit speziell ausgebildeten, sehr engagierten und zugewandten Lehrern, die die Kinder allein oder in sehr kleinen Gruppen unterrichteten. Hier nun mitansehen zu müssen, wie eine einzige Dosis Amphetamin eine wesentlich größere Verbesserung in der Schule mit sich brachte als die gemeinsamen Anstrengungen aller therapeutisch Aktiven in einer wirklich idealen Umgebung, hätte nun wirklich demoralisierend auf die Lehrer wirken müssen, wenn die Besserung, praktisch gesehen, nicht so frappant gewesen wäre.«

Es wurde dann stiller in dieser Angelegenheit, und nur die Gruppe um Bradley schien weiter daran zu arbeiten. Die Kinderärzte griffen diese Behandlungsmöglichkeit natürlich auf, weil sie diese Störung zuerst zu sehen bekamen. Sie, die Eltern und die Lehrer waren begeistert von der Wirkung und den relativ geringen Nebenwirkungen. Erst in den fünfziger Jahren begann man dann allerorts mit der Nachprüfung der Entdeckung von Charles Bradley. Zunächst nahmen sich die Kinderpsychiater dieser Sache an, und seit den sechziger Jahren auch die Psychologen, die sich jetzt mit solchem Eifer auf das Problem stürzten, daß man bis zum Jahre 1975 im englischen Sprachraum schon 1874 Veröffentlichungen zählte. Jetzt wurden mehr und mehr sämtliche modernen wissenschaftlichen Verfahren eingesetzt, um die Wirkung der Stimulanzien zu erforschen. Wir haben einige davon im zweiten Teil kennengelernt.

Aber es waren nicht nur die Psychologen hellhörig geworden, sondern auch die Presse. Sie brachte zunächst übertriebene Zahlen, etwa wie viele Kinder in den USA »unter Drogen gesetzt wurden«, oder

»in eine chemische Zwangsjacke gesteckt wurden« oder »mit einem pharmakologischen Holzhammer betäubt wurden« und das so lange, bis die Food and Drug Administration und letztlich das Department of Health, Education and Welfare die Angelegenheit aufgriffen. Ein Expertenausschuß gab 1971 grünes Licht für die Verwendung von Stimulanzien als Hauptbehandlungsmethode der hyperkinetischen Kinder.

Wirkungen der Stimulanzienbehandlung

Während in den ersten Jahren zunächst Tests eingesetzt wurden, die das molekularisierte Verhalten, das heißt Verhaltensbausteinchen mit und ohne Stimulanzien zu erfassen suchten, nahm man in der Folge immer komplexere Verhaltensweisen unter die Lupe. So wurde jüngst an der Notre-Dame-Universität in Indiana, USA, unter Verwendung einer großen Testbatterie die Informationsverarbeitung unter Methylphenidat geprüft. Dabei stellten sich bei den HKS-Kindern folgende Veränderungen heraus:
  o Belangvolle Reize wurden schneller wahrgenommen.
  o Wissen wurde schneller abgerufen.
  o Kurzzeitgedächtnis arbeitete genauer und schneller.
  o Reaktionszeit wurde kürzer.
Insgesamt also wurden die Verschlüsselungszeiten und die Entschlüsselungszeiten in der Informationsverarbeitung verkürzt. Die Autoren stellen die Hypothese auf, daß zumindest einige Aspekte der verbesserten Aufmerksamkeit aus der gesteigerten Fähigkeit resultieren, Information schneller zu verarbeiten und schneller abzurufen. Die zentrale Verarbeitungseffizienz wird also gestärkt.

Man ging aber noch weiter und wollte komplexes Verhalten erfassen, lebensnahe Situationen untersuchen, in möglichst natürlicher Umgebung und ohne Wissen der Kinder – also nicht im Labor. Carol Whalen und Barbara Henker gelang dies. Seit Jahren beobachteten sie in einem der in den USA so beliebten »Sommerschullager«, in einer nur durch einige Schulstunden unterbrochenen, ansonsten durch viel Sport und Spiel aufgelockerten Ferienatmosphäre die Veränderung des »zwischenmenschlichen Stils« der hyperkinetischen Kinder unter Methylphenidat und unter Placebo und verglichen diese Kinder mit nichthyperkinetischen Kindern, die als Vergleichsgruppen ebenfalls in das Lager aufgenommen worden waren. Fünf Wochen lang wurden, unter Einsatz aller nur erdenklichen Beobachtungs- und Testmethoden, durch völlig »blinde« Beobachter, die nicht einmal wußten, welche

Verhaltensstörungen untersucht wurden, diese Kinder von früh bis spät möglichst unauffällig, ohne ihr Wissen, beurteilt. Man hatte zum Beispiel als Tests Astronautenspiele konstruiert und Raumfahrtprogramme ausgearbeitet, die von den Kindern begeistert wahrgenommen wurden. Dabei konnte man sehr gut feststellen, daß ihr kommunikatives Verhalten sich mit Hilfe von Methylphenidat besserte, daß auch ihre pathologische Intensität (laut, gespannt, gewalttätig) geringer wurde. Im Unterricht und in den Freizeiten ergaben sich eindeutige Verhaltensunterschiede zwischen den unter Methylphenidat stehenden und den normalen Kindern einerseits und den unter Placebo stehenden hyperkinetischen Kindern andererseits. Die behandelten Kinder waren den normalen Kindern in allen Punkten ähnlich, vorher festgestellte abnorme Verhaltensweisen verschwanden. Die Kinder waren genauso verträglich, umgänglich, aufmerksam und zufrieden geworden wie die normalen Kinder.

Was man im täglichen Umgang mit diesen Kindern erleben kann, ist noch viel mehr, viel differenzierter und viel weitgreifender, als in den bisher durchgeführten Tests erfaßt werden konnte. Man kann eben das Leben nicht ganz nachbauen. Vor allem kennt selbst der am besten geschulte Beobachter das Kind nicht so genau wie die Mutter. Trotz aller Einschränkungen in der Beurteilungsfähigkeit, die sich durch die persönliche Mutter-Kind-Bindung ergeben, sind meines Erachtens die Mütter, die Kameraden und die Kinder selbst erstklassige Quellen präziser und konkreter brauchbarer Informationen. Einige Beispiele:

Gute Nachrichten aus der Schule:
- *arbeitet prima mit; unterbricht nicht mehr den Unterricht;*
- *weniger Leichtsinnsfehler (statt 42 Fehler nur mehr 10); fängt mit den anderen Schülern an und wird auch mit ihnen fertig;*
- *Junge: »Jetzt brauche ich nicht mehr für jedes Wort auf die Tafel schauen, sondern kann mir einen ganzen Satz mit den schweren Wörtern anschauen und ihn einschreiben.«*
- *Schrift wird eindeutig besser;*
- *gibt nicht mehr so schnell auf, wenn etwas schwierig ist;*
- *überprüft jetzt, was er geschrieben hat.*

Es dauert nicht lange, bis ein solches Kind »die beste Arbeit« der Klasse schreibt. Die besseren Leistungen schlagen sich ziemlich rasch in den Zeugnissen nieder. Den meisten Kindern gelingt es, sich in mehr als der Hälfte der Fächer deutlich zu verbessern.

nachm. 5 mg DL

Wie ich eine Katze verkauft habe
Ich bin mit meinen Schiff in den
Ozean gefahren. und die
Katze nahm ich mit. Ich fuhr
bis Amerika. Ich band mein
Schiff fest. Dann nahm ich die
Katze, und ging zum ersten Haus.
Die wollte die Katze nicht.
Bei dem nächsten Haus ist es
mir gelungen, und ich bekam
zwei Säckchen Gold dafür.
Ich reiste auf dem Schiff
wieder ab. Als ich da war,
gab ich dem Jungen das Gold,
der mir die Katze gegeben
hatte.   4 -
Schrift 4
1. Geschichte fehlt!

Schriftprobe eines siebenjährigen Jungen nach einjähriger Behandlung mit Stimulanzien

124

14.2, 28.2, 14.3, 28.3,
11.4, 25.4, 9.5, 23.5,
6.6, 20.6, 4.7, 18.7

Schriftprobe des siebenjährigen Jungen ohne Medikamente

Michael ...

KLUG=
MMI

... HAUSAF
GABE

Schriftprobe des siebenjährigen Jungen ohne Stimulanzien

Traurausdgabe

Krankheit, Gesund=
heit, Freiheit, Vergan=
genheit, Dummheit

Heiterkeit, Fröhlich =
keit, Traurigkeit, Dank==
barkeit, Müdigkeit,
Schwierigkeit, Leichtig=
keit, Geschwindigkeit,
Einsamkeit, Lieblich=
keit.

Im Schwimmbad

Erich geht die ~~E~~ beiden ersten
Stufen zum ~~B~~ Becken für Nicht=
schwimmer hinunter. Vorsichtig
~~I~~ taucht er die Zehen ins ~~wa~~
Wasser und zieht sie gleich
wieder zurück. „Feiglin! o Gott
sacht, daß deine Zehen keinen
Schnupfen kriegen!" Michael ~~se~~
es lachent und springt hinein.
„So must du es M. machen!"
~~R Ruft~~ ruft er prudent und
taucht unter der Kette hindu
in das große Becken für er
Erwachsene. Nun kommt Stef
Er hat die gewohnt sich
zuerst abzuducken.

128   Mich ledig, betrachtet er Eri

und spritzt ihn an.
"Gemeinheit brumt diser."
er erregt sich über die beiden
Kameraden, gut e Schwimmer
und. Er glaubt wie ein
Schwächling dazustehen.
Seine Eitelkeit ist verletzt. Auf
einmal ruft er: Aufgepasst
hier Maller! Klatschent
ins Wasser
Benutze einen Spiegel

*Schriftprobe des siebenjährigen Jungen nach Wiederaufnahme
der Behandlung*

[handschriftliche Schriftprobe, größtenteils unleserlich]

Nicht lesbar!

Schriftprobe eines elfjährigen Mädchens vor der Behandlung …

Bunte, ferne 7 Zauberwesen
scheinen hierzulande Chineser.
Kopmopan, ein Fischervogel,
der aus jenen Breiten stammt,
ist den Freunden ser gewogen
und bringet sie in das ferne Land
zu der großen Mauer hin
lurki lag das lang im Sin
Viele freundliche Chinesen
laufen, rennen, ruhen, lesen

... und am zweiten Behandlungstag

Diktat-übung

Der Schlag daneben.
Peter hat in der Schule ein schönes Bild gemalt. Er will es in seinem Zimmer aufhängen. Hans bringt ihm den schweren Hammer. Damit schlägt Peter einen Nagel in die Wand. Au, ruft er. Sein Daumen wird ganz blau.

15-11-81 ca. 10⁰⁰ morgens
mit Medikament!

Schrift unter Medikation …

Diktatübung

Der Schlag daneben

Peters hat in der Schule ein schönes Bild gemalt. Er will es in seinem Zimmer aufhängen. Hans bringt ihm den schwereren Hammer. Damit so abgebrochen. Ohne Medikament morgens –

16-11-81

… ohne Medikation

133

und dem Lehrer der Klas-
se eine wichtige Einschen
bevor. Es muss überlegt
und en schieden werden

1) Kan sich das Kind
konzentrieren oder
läst es sich leich ablen.

2) Kan das Kind selbst-
ständig arbeiten
oder braucht es heilich
hilfe

3) Ist das Kind fleisig
und zeigt es Intereshe
am Unterrichts Stoff

4) Erreicht es gute Leistun
gen vor allem in den Fächern
Fachern Deutsch Mate und Sachku
de

5)

Mädchen der vierten Grundschulklasse. Schriftprobe vor der Behandlung ...

Die Zeitung – ein wichtiges Informationsmittel

Jeden Morgen warten die Leute voller Ungeduld auf die Zeitung. Wer keine Zeitung abonirt hat, kauft an Zeitungskiosk oder im Schreibwaren- geschäft eine Tageszeitung. Die Zeitungen informairen uns über die verschiedenen Ereignis- se in der Heimat (Lokalteil) und in der weiten Welt.

Themabereich einer Zeitung

Politik	Sport
Wirtschaft	Lokalteil (Riedlinger
Meldungen aus aller Welt	Stadt und Land)
Kultur und Unterhaltung	Anzeinen
Landesüberblick	Reklame
	Freizeit und Erholung

. . . nach Beginn der Behandlung

Eine Lehrerin:»Ich kann mich endlich den anderen 25 Kindern widmen. Früher verbrauchte ich die ganze Zeit und Energie mit diesem einen Kind.«

Macht seine Hausaufgaben sofort und in einem Zug bis zum Schluß durch; wiederholt eine Aufgabe, weil er alles besonders schön machen will; hat zum erstenmal in seinem Leben die Hausaufgabe allein gemacht; holt sich aus dem Bücherschrank Bücher zum Nachlesen über Dinge, die er im Sachunterricht gehört hat.

Er ist schrecklich ärgerlich, wenn ihm etwas nicht gelingt; er ist jetzt empfindlich geworden gegenüber Mißerfolgen; er weint schnell.

Dies wird von Müttern oft für »depressiv« gehalten. Das Kind ist jedoch sich gegenüber kritischer geworden. Es zeigt sich, daß es von Natur aus ehrgeizig ist. Aus unzähligen Beobachtungen und Äußerungen von Kindern vor und nach dem Einsetzen der Behandlung scheint hervorzugehen, daß die meisten HKS-Kinder ehrgeizig sind. Das Kind spricht jetzt plötzlich sehr rasch auf Lob und Tadel an. Dies war ihm vermutlich auch vorher nicht gleichgültig, aber jetzt ist es in der Lage, darauf zu reagieren.

Wie durch unzählige Untersuchungen bewiesen, ist der Erfolg der wirksamste Verstärker, potenter noch als Belohnung, Entzug von Vergünstigungen, Strafen oder die Beachtung durch andere Kinder. Erfolg spornt an. Dieser Schub wirkt mit im Sinn einer Verbesserung der Lernmotivation.

Die Kinder beginnen zu lesen. Eine Mutter: *Mein Sohn ist depressiv. Er geht nicht mehr auf die Straße zum Spielen. Er hat ein Buch aus dem Bücherschrank geholt und sitzt seit einer Stunde in der Ecke und liest. Früher kam er über zwei Seiten nicht hinaus. Er sagt, er wolle nicht mehr spielen:»Ich will jetzt das zu Ende lesen.«*

Die Kinder »hören«, was man ihnen sagt, und sie sprechen deutlicher. (»Er spricht jetzt langsamer. Man versteht, was er sagt.«)

Unfertige Bastelarbeiten werden hervorgeholt und beendet. Beim Gesellschaftsspiel bleibt das Kind bis zum Schluß dabei, auch wenn es verliert. Es beginnt plötzlich zu malen, was es früher noch nie getan hat. Eine Mutter brachte mir farbige Bilder, die ihr Sohn nach Einsetzen der Behandlung alle gemalt habe. Es waren heitere, frohe Farben und ansprechende Bilder. Mir fiel nichts Besonders dazu ein. Die Mutter: »Ja, stellen Sie sich vor, früher benutzte er nur Schwarz und Grau. Und seit der Behandlung nimmt er alle Farben.« Das nächste Mal brachte mir die Mutter die früheren Zeichnungen. Sie waren alle »grau in grau«, dazu fahl und wenig ansprechend.

Nicht nur die Schrift wird besser, sondern auch die übrige Feinmotorik. »Er kann jetzt Kuchen backen, ohne das Mehl auf den Boden zu schütten, und Kaffee machen, ohne jedesmal etwas zu zerbrechen. Es ist nicht mehr so aufregend, neben ihm bei Tisch zu sizten. Er läßt nicht mehr alles fallen, er ist jetzt zum erstenmal in seinem Leben fähig, Zucker in den Tee zu geben, ohne die Hälfte zu verschütten oder umzurühren, ohne ein Fußbad zu machen.«

Bemerkenswert ist die Beobachtung einer Mutter: »Ich erkenne an seinem Gang, ob er Medizin eingenommen hat. Sonst hat man immer das Gefühl, die Beine gehören nicht zu ihm!« Ein Vater: »Seit er die Medizin hat, geht er gerade und hält sich viel straffer. Wenn die Wirkung nachläßt, fällt er wieder zurück.«

Die größte Freude für die behandelten Kinder ist die Anerkennung durch andere. Es dauert keine zwei Wochen, da trudeln die ersten Einladungen von Klassenkameraden zu Geburtstagsfeiern ein. Die Aufforderung, zum Fußballspiel herauszukommen, läßt nicht lange auf sich warten. Lorenz wurde für das Klassenfußballspiel aufgestellt und verhalf als Torwart der Mannschaft zum Sieg. Darauf ein Schulfreund: »Wenn du so weitermachst, wirst du noch ein guter Fußballspieler.« Ein Kind kam herein und erzählte strahlend der Mutter: »Stell dir vor, Hermann hat mit mir gesprochen!« Hermann ist ein Schüler, der hohes Ansehen besitzt. Kinder nehmen sehr schnell und spontan wieder Kontakt mit dem vorher Verhaltensgestörten auf und beziehen ihn in ihren Kreis ein. Etliche wurden von ihren Mitschülern wenig später zu Klassensprechern gewählt. Eine Mutter: »Sein Gewissen erwacht. Früher war er die Axt im Walde.« Ein Kind: »Mutti, wenn ich daran denke, was ich früher für ein Hampel in der Schule war.«

Wir hatten den ruhigsten Urlaub unseres Lebens. Ein völlig neues Kind. Wir hatten plötzlich mehrere Kinder zum Spielen da. Früher kam keines aus Angst vor Elisabeth. Sie wird jetzt überall eingeladen, zum Schwimmverein, zum Tennisspielen und zum Skifahren. Sie ist mit sich ruhiger. Sie ist mit sich verträglicher. Sie ist sich nicht mehr im Wege.

Er fängt plötzlich an, sich zu überlegen, wieviel etwas kostet und was nach dem Einkauf noch übrig bleibt. Er hat seine Schwester zu McDonald's eingeladen. Er spielt mit ihr Karten. Er überlegt, ehe er etwas tut.

Es werden jetzt Fähigkeiten freigelegt, die in ihm schlummern.

Matthias ist jetzt besser geworden. Er kann jetzt Zugeständnisse machen, ist kooperativer geworden. Man kommt jetzt an ihn heran, er ist zärtlicher. Man kann mit ihm reden. Fragt die Mutter, ob er etwas für sie besorgen könnte. Ist anhänglich geworden.

Ein Siebenjähriger nach einer Woche Behandlung spontan: *»Ich war*

selbst daran schuld, wenn es viel Streit gegeben hat, weil ich Klaus nie in
Ruhe gelassen habe.«
Kinder denken plötzlich über ihre Zukunft nach. Sie sprechen von
der Lehrstelle. Von einem Zwölfjährigen erzählte die Mutter, er hätte
jetzt plötzlich über das Gymnasium gesprochen:»Früher wollte er nur
Koch werden, damit er möglichst schnell aus der Schule heraus-
kommt.« Die Mutter eines Siebzehnjährigen:»Er überlegt sich seine
Handlungen viel mehr, zum Beispiel wie er sein Lehrlingsgeld ausgibt.
Er ist jetzt ›bedachter‹. Er freut sich jetzt über jede Arbeit, die er
selbständig machen kann. Er ist glücklich, daß er Ideen verwirklichen
kann.« Ihr Schluß ist:»Wir finden, daß wir jetzt eine normale Familie
geworden sind.«

Mehr als eine Mutter hat gesagt, sie habe nie mehr ein Kind gewollt,
nach der Erfahrung mit diesem Kind. Haß sei in ihnen aufgestiegen.
Und jetzt hätten sie das Gefühl, auch mit diesem Kind ein harmoni-
sches Familienleben haben zu können. Ein Vater über seinen achtzehn-
jährigen Sohn:»Zum erstenmal in meinem Leben konnte ich mich mit
meinem Sohn in einer ungezwungenen Atmosphäre unterhalten.«

Zwei Wochen nach Behandlungsbeginn bei Albert: Ein Mädchen
kam und holte ihn zum Spazierengehen ab. Er hat heute vier Stunden
lang mit mehreren Kindern gespielt, ohne daß es Krach gab. Ein Mädchen hat sich heute freiwillig neben ihn gesetzt.

Wenn man solche Äußerungen hört, ohne die Vorgeschichte, das
frühere nervtötende Verhalten dieser Kinder gekannt zu haben, ist man
geneigt, dies als Ausdruck einer übertriebenen Anspruchshaltung oder
mangelnden Duldsamkeit der Eltern anzusehen. Wer dies annimmt,
sollte einmal für ein Wochenende ein HKS-Kind zu sich nehmen. Es
wird ihm ergehen wie Vätern, die am Freitagnachmittag von ihrer Arbeit nach Hause kommen und ihrer Frau Vorwürfe machen, entweder
weil die Kinder von ihr so schlecht erzogen würden, oder daß sie zuviel
schimpfe. Es dauert nicht lange, und er findet sich in derselben Rolle:
Am Sonntagabend sind sie froh, daß das Wochenende vorüber ist.

Verschiedene physiologische Funktionen ändern sich mit der Behandlung auf eine nicht voraussehbare Weise. Einige Kinder schlafen unter
der Behandlung deutlich ruhiger und länger, andere können nicht einschlafen. Von etlichen, häufig übergewichtigen Kindern, die vorher
wahllos alles»in sich hineingefuttert« hatten, hört man, daß sie langsamer und überlegter essen würden. Anderen, die nie Hunger hatten,
wenn sie aus der Schule kamen, schmeckt das Mittagessen plötzlich
ganz vorzüglich. Ganz besonders auffällig ist die Ablehnung von Sü-

ßigkeiten bei Kindern, die vor der Behandlung geradezu süchtig danach waren. Viele Kinder hören auf, an den Fingernägeln zu knabbern. Kinder, die tags und nachts eingenäßt hatten, wurden trocken. Und Kinder, die eingekotet hatten, wurden sauber. Man gewinnt ganz allgemein den Eindruck, die Kinder erlebten einen Entwicklungsschub. Viele Eltern können das deutlich beobachten. Es treten von einem Tag auf den anderen Verhaltensweisen zutage, die nie vorher beobachtet worden waren. Natürlich hat man den Kindern etwas »hundertmal« gesagt. Und sie hatten es nie getan. Jetzt plötzlich tun sie es. Sie tun aber auch Dinge, die man ihnen nie gesagt und auch nie von ihnen erwartet hatte. Es hat den Anschein, als ob die Entfaltung eines inneren Entwicklungsprogramms nun plötzlich freigegeben worden wäre.

Wie geht es HKS-Kindern, die mehrfach behindert sind, beispielsweise geistig retardierten HKS-Kindern?

Auch sie profitieren von einer Behandlung mit Stimulanzien. Die Begabungskapazität, die ihnen zur Verfügung steht, können sie jetzt voll ausnutzen. Die Lehrer der Sonderschulen berichten über eine ganz deutliche Besserung, aufgeschlosseneres Wesen, mehr Bereitschaft zur Mitarbeit und weniger Störverhalten. Es besteht gar kein Zweifel daran, daß die Sonderschulen für Verhaltensgestörte oder Lernbehinderte einen großen Prozentsatz an HKS-Kindern haben. Ich vermute, daß auch intelligente HKS-Kinder dabei sind. Dieser Eindruck ergab sich durch die Behandlung von Sonderschulkindern in meiner Praxis und aus der Beobachtung, daß viele Kinder zu mir kamen, als die Schule eine Versetzung in die Sonderschule angedroht hatte, wenn das Kind sich jetzt nicht »schleunigst bessere«. Den Sonderschullehrern, die sich mit großer Sachkenntnis und unvorstellbarem Engagement ihrer Schützlinge annehmen, wäre sehr geholfen, wenn die HKS-Kinder aus ihren Klassen genommen oder wenigstens behandelt würden, so daß sie sich ihrer eigentlichen Aufgabe, der Betreuung der wirklich Behinderten, widmen könnten. Das ist alles eine Frage der Diagnostik. Es ist denkbar, daß jemand, der mit dem HKS nicht vertraut ist, die Verhaltensstörungen, die bei einem retardierten Kind beobachtet werden, für die Folge seiner Retardierung und der damit einhergehenden seelischen Beeinträchtigung hält.

Ähnlich erging es einem Kind in der Gehörlosenschule. Trotz merkbar hoher Intelligenz, vielseitiger Interessen und großer Bereitschaft, überall mitzutun, war es in seiner Klasse unter den Schlechtesten, auch im sozialen Verhalten und im Sport. Nichts konnte es recht machen. Es bot das charakteristische Bild des HKS-Kindes. Bei der neurologischen und psychiatrischen Untersuchung wurde seine Verhaltensstörung nicht erkannt, da sie auch hier als Folge der mit der Taubheit einhergehenden seelischen Probleme angesehen wurde. Das Kernproblem hatte seine Mutter erkannt. Sie gab an, er könne ja nicht sprechen lernen, weil er sich nie lange genug darauf konzentrieren kann, auf den Mund der Mutter oder der Lehrerin zu blicken. Sie beobachte das ganz genau. Der Einsatz der Simulanzien war von einer dramatischen Änderung begleitet. Der Junge war plötzlich in der Lage, seine Begabung voll einzusetzen. Er holte sehr rasch auf. Er wurde nicht mehr böse, wenn ihn jemand nicht verstand. Vier Wochen nach Behandlungsbeginn war er so verändert, daß die Lehrerin meinte, er arbeite hervorragend, es sei eine Freude, mit ihm zu arbeiten, und er sei fast durchgehend fleißig. Er wurde ruhiger, las mehr und war in der Schule und zu Hause deutlich umgänglicher. Er achtete sehr darauf, daß er in der Schule seine Mittagsdosis bekam. Im Skikurs lernte er sehr rasch und benahm sich »phantastisch«.

Ändern auch die Eltern ihr Verhalten?

Auch die Eltern ändern ihr Verhalten, denn sie sind nicht mehr gezwungen, ständig zu korrigieren, einzugreifen, zu tadeln und Streit zu schlichten. Auf die vielfach geäußerte Behauptung, die Kinder würden mit ihrem Verhalten nur auf übermäßige Einflußnahme, welcher Art auch immer, der Erwachsenen reagieren, wurde schon früher eingegangen. Jeder, der schwierige Kinder oder Kinder in schwierigen Situationen hatte, weiß sich zu erinnern, daß es eine Wohltat ist, einmal nichts sagen zu müssen. Eine Mutter: »Jetzt kann ich endlich mein Nickerchen machen und brauche nicht immer bei den Hausaufgaben dabeizusitzen.« Ganz allgemein berichten Mütter, daß eine große Last von ihnen abgefallen sei, seitdem man das Kind sich selbst überlassen könne, so wie es eine Mutter als angenehm empfindet, das Kind ab einer gewissen Reifestufe nicht mehr zum Spielplatz bringen zu müssen. Es kann sich jetzt selbst führen, allein spielen, lesen, arbeiten, mit anderen auskommen; es findet Anklang und kommt zufrieden heim.

In doppelten Blindversuchen mit Placebo wurde mehrmals nachgewiesen, daß Eltern, Lehrer und auch Kindergärtnerinnen weniger kritisch und heftig auf ihre hyperkinetischen Kinder reagierten, wenn diese – ohne deren Wissen – ein Stimulans erhalten hatten. Sie fuhren jedoch fort, dem hyperkinetisch Kind kritisch oder mit Hilfestellungen zu begegnen, wenn es nur ein Placebo erhalten hatte.

Weit über die Hälfte der Kinder reagiert dramatisch, das heißt sehr deutlich und sehr schnell. Etwa ein Viertel der Kinder bessert sich weniger deutlich, langsamer und nur teilweise. So gibt es Kinder, die im sozialen Verhalten einen großen Sprung nach vorn machen, aber in der Schule weiterhin zurückbleiben. Hier könnte eine Lernschwäche oder eine nicht erkannte Minderbegabung vorliegen, die neben dem HKS bestand. Sie kommt jetzt nach der Abschwächung des HKS deutlicher zum Vorschein: Sie bleibt übrig. Es gibt auch Kinder, die in allen Fächern außer Deutsch besser werden. Das sind möglicherweise Legastheniker, deren HKS jetzt verschwunden ist, so daß sie nur dort weiterhin versagen, wo es auf das Lesen und Schreiben ankommt.

Einige Kinder legen in der schulischen Leistungsfähigkeit deutlich zu, bessern sich aber im Sozialverhalten nur geringfügig. Manchmal scheint es am konsequenten Führungsstil im Elternhaus zu mangeln. Ich glaube eher, daß es die angeborene Aggressivität mancher HKS-Kinder ist, die hier zum Vorschein kommt. Sie wird bei vielen Kindern erst während der Pubertät deutlich erkennbar. Insgesamt liegt die Quote der Besserung, die eine Weiterführung der Behandlung rechtfertigt, bei siebzig bis achtzig Prozent. Warum einige Kinder auf Stimulanzien nur sehr mäßig ansprechen, ist unbekannt. Hans Huessy hat Beweise dafür, daß Kinder, die erst in der fünften Klasse Symptome zeigen, weniger gut ansprechen als die schon in der zweiten Klasse auffallenden. Dies bedeutet, daß eine möglichst frühe Diagnosestellung und entsprechende Behandlung angezeigt sind.

Welche Nebenwirkungen sind möglich?

Die Liste der Nebenwirkungen ist klein. Einschlafstörungen und Appetitlosigkeit sind vor allem zu Beginn der Behandlung bei einigen Kindern für die Eltern beunruhigend. Sie stellen aber keine Gefahr für das Kind dar. Bei einigen wenigen Kindern sind »Blässe« und »Ringe um die Augen« ständige Begleiter, aber auch harmlos. Ebenso ungefährlich ist die sehr geringe Steigerung von Blutdruck und Puls. Wirklich beunruhigend für die Eltern ist der recht häufig zu beobachtende Gewichtsstillstand – manchmal sogar Abnahme – während der ersten drei bis sechs Monate, wobei aber das Größenwachstum nicht beeinträchtigt zu werden scheint. Regelmäßige Messungen belegen das. Blutchemische Untersuchungen haben keine Beeinträchtigung des Organismus, insbesondere der Leberfunktion ergeben. Trotz nunmehr über fünfzigjähriger Anwendung wurden bisher keine Spätfolgen negativer Art beobachtet.

Wir Kinderärzte sind eher glücklich, wenn die Kinder unter dem Normgewicht liegen – im Hinblick auf all die Zivilisationskrankheiten, die auf die Heranwachsenden zukommen, von welchen das Übergewicht eines der folgenreichsten ist. Durch regelmäßige Untersuchungen können wir Kinderärzte immer wieder feststellen, daß diese mit Stimulanzien behandelten Kinder gesund bleiben, sich wohl fühlen, aktiv und sportlich fit sind und außerdem, wie in ihrer Altersgruppe üblich, selten krank werden. Die oft beklagte schlanke Figur und noch mehr der geringe Appetit sind die von den Müttern am schwersten zu tolerierenden Nebenerscheinungen, sie sind aber harmlos.

In diesem Zusammenhang ist eine Studie von Prof. Leon Oettinger von der University of California in Los Angeles erwähnenswert. Er stellte nämlich fest, daß die Gruppe der HKS-Kinder im Knochenkernalter und ihrer Größe – als Maß für ihren Entwicklungsstand – im Vergleich zu normalen Kindern zurückgeblieben sind, wohlgemerkt: schon vor Beginn der Behandlung. Durch Verlaufsuntersuchungen

Noch kein makelloses Deutsch, aber deutlich bessere Schrift und ein gestiegenes Selbstbewußtsein

stellte sich heraus, daß diese Kinder in der Behandlung aufholen, sowohl in der Fortentwicklung der Knochenkerne als auch was die Zunahme der Körpergröße anbetrifft. Dies befindet sich im Einklang mit der Vorstellung, die wir Kinderärzte haben und die auch Paul Wender vorgetragen hat: daß bei den Kindern durch die Stimulanzien-Behandlung ein Reifungsprozeß nachgeholt wird, im psychischen Bereich und eben auch im körperlichen.

Eine der frappierendsten »Nebenwirkungen« bei manchen Kindern ist das plötzliche, etwas überschießend auftretende Selbstbewußtsein (vgl. Abb. auf Seite 142). Diese Kinder widersprechen plötzlich öfter, sie lassen sich nichts mehr gefallen. Daran sind nicht nur die ersten Erfolge im schulischen und im sozialen Bereich schuld, sondern auch die Tatsache, daß sie jetzt ihre Vorstellungen verbalisieren können, ohne aus der Rolle zu fallen: Das macht sie sicherer.

Wie lange muß behandelt werden?

Ein »Muß« gibt es nicht. Die Länge der Behandlung wird von Fall zu Fall zwischen Eltern, Arzt und Kind abgesprochen, wobei verschiedene Variablen berücksichtigt werden, zum Beispiel Notwendigkeit der weiteren Stützung, Verträglichkeit, Nebenwirkung, Einstellung der Beteiligten und des Arztes zur medikamentösen Therapie. Es sollte auf jeden Fall so lange behandelt werden, bis sich das unter Stimulanzienwirkung eingeführte und eingeübte Verhalten stabilisiert hat. Die Kinder üben Verhaltensmuster ein, die später zur Gewohnheit werden, ob es die ordentliche Heftführung, die richtige Art des Addierens, des Aufnehmens eines Wortes von der Tafel ist oder die Beantwortung einer Bitte eines Schulkameraden. Wenn sie dies lange genug geübt haben, können sie es eines Tages ohne medikamentöse Stütze. Diese Gewohnheiten greifen später auch auf andere Bereiche des Lebens über. Ob mit dem Absetzen der Stimulansverabreichung jetzt der Dopaminstoffwechsel normalisiert worden ist und weiter in geeigneter Weise abläuft, ist noch nicht genau erforscht. Auf jeden Fall gelingt es sehr vielen Kindern, nach einer mehrjährigen Behandlung mit einem Minimum an Restsymptomen ohne Medikamente auszukommen.

Die landläufige Meinung, in der Pubertät ändere sich das Ansprechen des Kindes auf die Stimulanzien, entspricht nicht den Tatsachen. Die Pubertierenden sprechen genauso an wie die jüngeren Kinder oder die älteren Jugendlichen. Weder die Empfindlichkeit noch die Wirkungsweise ändert sich. In der Literatur werden weltweit nirgendwo feste Zeiten angegeben. Im Gespräch teilen einige sehr erfahrene Forscher wie Paul Wender, Hans Huessy und Leon Oettinger für einzelne Fälle Behandlungszeiten von über zwanzig Jahren mit. Die meisten Kinder kommen jedoch mit sehr viel weniger aus. Eine Analyse von fünfhundert meiner eigenen Patienten aus den ersten zehn Jahren, für die eine bis zu zehnjährige Beobachtungszeit zur Verfügung stand, ergab folgendes: Die Mehrzahl der Jungen war drei bis fünf Jahre unter der Medikation, die der Mädchen nur zwei bis drei Jahre. Etwa zehn Prozent benötigten nur ein bis zwei Jahre Behandlung, ungefähr zwanzig Prozent mehr als sechs Jahre.

Die Beendigung der Behandlung ist kein abrupter Vorgang, sondern das, was man in der Medizin »sich ausschleichen« nennt: ein schrittweises Verringern der Dosis nach Maßgabe des während der Behandlung inzwischen verlernten Fehlverhaltens und des gleichzeitig erlernten Normalverhaltens. Mit Unterstützung des Mittels ist es dem Kind gelungen, sich Fehlverhalten abzugewöhnen und normales Verhalten neu zu erlernen. Wenn sich dies im Lauf der Zeit gefestigt hat, wenn es eingespielt ist, kann man versuchen, die medikamentöse Stütze allmählich abzubauen. Der Jugendliche kann sich nun allein lenken. Er ist »sein Herr« geworden. Vorher war er Sklave seiner Impulsivität. Konkret: Er hat gelernt, ein Benehmen an den Tag zu legen, das ihn zu einem angenehmen Mitmenschen macht. Er ist mit sich, die anderen sind mit ihm zufrieden. Das Wort »zufrieden« sagt aus, was gemeint ist. Er hat Techniken gelernt, wie man Probleme löst, im sozialen und im schulischen Bereich. »Er hat sich freigeschwommen«, hat eine Mutter gesagt.

Das Ausschleichen der Behandlung ist nicht aus medizinischen Gründen notwendig. Man kann die Behandlung von heute auf morgen einstellen, wenn das aus äußeren Gründen gegeben ist, zum Beispiel wenn die Familie in den Urlaub fährt und die Medizin vergißt. Das ist nicht von Nachteil. Es wird jedoch das alte Verhalten wieder auftreten, mehr oder weniger stark, je nach Länge der vorangegangenen Behandlung. Sollte nach einer mehr oder weniger langen Pause sich das Verhalten wieder verschlechtern, kann eine Behandlung von neuem eingeleitet werden.

Ist eine Behandlung notwendig und berechtigt?

Hans Huessy hat dazu die folgende Ansicht vertreten: »Die Existenz eines einzigen Symptoms, welches in einem Ausmaß vorhanden ist, daß es sekundäre psychologische Probleme aufwirft, ist ein Grund, einen Versuch mit Pharmakotherpaie einzuleiten.« Mit dieser eindeutigen, jedoch überspitzten Aussage wird auf das, was für jeden Arzt die Anzeige zu einer Behandlung darstellt, nämlich das Leiden des Menschen, Bezug genommen. Es dürfte nach dem Gesagten wohl kein Zweifel mehr bestehen, daß diese Kinder leiden. Die gesamte Familie ist davon betroffen. Es geht nicht an, daß man von der Familie fordert, sie möge sich auf die Art der HKS-Kinder einstellen und alles, was sie tun, mit noch »mehr Liebe« auffangen. Auch die Eltern und Geschwister haben ein Recht auf Selbstbehauptung, auf Selbstentfaltung, sie müssen nicht hinnehmen, sich von dem kindlichen Egoismus des hyperkinetischen Kindes an die Wand spielen zu lassen. Sie haben das gleiche Recht auf Lebensqualität wie diese Kinder. Wenn diese Behandlung hilft, die Eltern-Kind-Beziehung zu normalisieren, so ist es unsere Pflicht, dies zu tun. Eine Behandlung macht aus einer zerhaderten Familie eine harmonische. Es ist vertretbar und notwendig, das Kind zu behandeln.

Ist die Behandlung nicht nur ein Kurieren an »Symptomen«, ein »Zudecken der wahren Probleme«?

Es wird immer wieder behauptet, die medikamentöse Behandlung »kuriere nur Symptome« und »decke die wahren Probleme jedoch zu«. Dies ist nicht der Fall. Der Angriffspunkt der Medikation ist, wie früher ausgeführt, der Ausgleich des fehlprogrammierten Neurotransmitterstoffwechsels in den Synapsen bestimmter Nerven. Dadurch werden psychologische Fehlfunktionen, z. B. der Aufmerksamkeitsmangel, behoben. Und dadurch wiederum bessern sich viele von der Aufmerksamkeit abhängige Fehlleistungen.

Also: Die Behandlung versetzt das Kind in die Lage, sich selbst zu steuern.

Wie hoch ist der Prozentsatz der Kinder, die zur Behandlung ihres HKS Stimulanzien erhalten?

Über den Einsatz von Stimulanzien beim HKS gibt es kaum genaue Zahlen, dafür um so mehr »wilde« Schätzungen. Dabei werden alle möglichen Krankheitsbilder und Verhaltensstörungen in einen Topf geworfen – und zugleich auch alle Psychopharmaka und Beruhigungsmittel. In der BRD gab es 1985 eine repräsentative Erhebung bei 2000 Ärzten, aus der hervorgeht, daß die Anzahl der Kinder, die Psychopharmaka bekommt, weit unter den Horrormeldungen –»30% unserer Schulkinder« – liegen, die man der Tagespresse immer wieder entnehmen kann. So bekamen von jeweils 100 Schulkindern pro Altersjahrgang während 12 Monaten zwischen 0,4 und 0,8% ein (1!) Ritalinrezept verschrieben, d.h. 4–8 Kinder pro Tausend. Beim Tofranil, üblicherweise gegen Bettnässen eingesetzt, waren es 0,5–2,1 Rezepte pro hundert Kinder pro Altersjahrgang während 12 Monaten; bei Tranquilizern und Neuroleptika 0,9–1,7; bei pflanzlichen Beruhigungsmitteln 1,6–3,4 Rezepte.

Wie sehen die Kinder ihre Behandlung?

Die meisten HKS-Kinder, auch solche in sehr frühem Alter, sind sich ihrer Verhaltensstörung voll bewußt. Wenn man sie darauf anspricht, ist man immer wieder erstaunt über die Klarsicht der jungen Patienten. Oft wollen die Eltern die Gefühle der Kinder schonen und nicht darüber sprechen. Daß diese Rücksicht fehl am Platz ist, zeigt sich sehr schnell an der Reaktion des Kindes auf das aufklärende Gespräch, das ihm verständlich macht, warum es die Medizin jetzt einnehmen muß. Die Kinder nehmen den Umstand, daß sie Medizin einnehmen sollen, die ihr Verhalten in der Schule, zu Haus und bei den Schulkameraden verbessern wird, zunächst wie ein Abenteuer hin, nicht gerade begeistert, aber auch nicht ablehnend. Nach einigen Wochen haben die meisten von ihnen, besonders die Älteren, beobachtet, daß es ihnen besser geht. Die positive Einstellung zur Behandlung geht bei etlichen Kindern so weit, daß sie darauf achten, die Medizin täglich zu bekommen. Das kommt aber nicht etwa daher, daß die Kinder glauben, die Pille arbeite für sie, sondern daher, daß sie beobachtet haben, die Schwäche, die ihnen früher das Leben zur Hölle gemacht hat, mit Hilfe dieser Medizin beheben zu können. Am Beispiel der Brille werden diese Zusammenhänge dem Kind deutlicher. Die Brille lernt und arbeitet nicht für das Kind, sondern gleicht seine Schwäche, die Fehlsichtigkeit, aus.

Wenn die Kinder im Verlauf der Behandlung zu weiteren Gesprächen in die Sprechstunde kommen, wird nicht mehr über die Medizin, sondern nur mehr über ihren Alltag gesprochen. Das Thema Medizin vermeiden sie gerne. Sie sind jetzt nicht sehr glücklich darüber, sie einnehmen zu müssen. Die große Mehrzahl der Kinder nimmt eine solche Behandlung nur ungern in Kauf. Wenn sie es trotzdem tun, dann deshalb, weil sie inzwischen beobachtet haben, daß ihnen geholfen wird, in allen Bereichen ihres Daseins. Der Umstand, daß einige darauf achten, sie regelmäßig einzunehmen, wenn sie in die Schule gehen, ist kein Hinweis auf beginnende Gewohnheit oder gar Abhängigkeit, denn es wird jede kleinste Gelegenheit wahrgenommen, die Einnahme zu umgehen: »Heute habe ich nur Turnen und Zeichnen! – Heute haben wir keine schweren Fächer! – Am Sonntag brauch' ich sie doch nicht! – Ich habe heute keine Hausaufgaben, ich will sie nicht einnehmen!« Eine genaue Registrierung der verschriebenen und der einzunehmenden Mengen zeigt, daß die meisten Kinder weniger einnehmen, als vereinbart wurde. Einige verbrauchen die berechnete Menge. Aber noch nie habe ich erlebt, daß einer mehr als notwendig verbraucht hätte.

Am Forschungsinstitut für Entwicklung und Verhalten des Kindes der Universität von Illinois in Champain wurde hyperkinetischen, unter Stimulanzienbehandlung stehenden Kindern ausführliche Fragebogen vorgelegt, um zu erfahren, was sie von der Behandlung hielten.

Die Kinder wußten, daß ihnen die Behandlung hilft, gelassener zu sein und sich zu konzentrieren. Sie hatten im allgemeinen gemischte Gefühle gegenüber dieser Behandlungsmethode: Obwohl die Hälfte der Kinder die Medizin nicht gerne einnahm, hätten sich achtzig Prozent entschlossen, die Medizin weiter einzunehmen, wenn man ihnen die Entscheidung über eine weitere Einnahme freigestellt hätte. Diese Ergebnisse bestätigen meine eigenen Erfahrungen und decken sich mit den Ergebnissen einer Befragungsstudie an 130 Jungen in meiner Praxis.

Was ist die Ursache für die Unbeliebtheit der Stimulanzien?

Die Kinder geben verschiedene Gründe an. Die einen mögen sie nicht und wissen nicht, warum. Die anderen, es sei ihnen unangenehm, nur mit Hilfe einer Medizin zu »funktionieren«. Das ist eine gesunde Einstellung, die zur Ausgangsbasis für eine längere Unterhaltung mit dem Kind wird, um ihm die Zusammenhänge zu erklären. Wieder andere haben in der Schule von der Droge Amphetamin gehört und weigern sich, die Medizin weiterhin einzunehmen. Einige klagen über Müdigkeit, die – auf Befragen – nur sehr kurzzeitig zu sein scheint.

Der wirkliche Grund drüfte mit großer Wahrscheinlichkeit in einer Stimmungsänderung liegen, die genau das Gegenteil von einer euphorischen Stimmungslage ist. Es ist die von niemandem in Frage gestellte Übereinstimmung aller amerikanischen Psychiater und Kinderärzte, die große Erfahrungen mit Stimulanzien besitzen, daß diese Gruppe von Psychopharmaka in der von uns eingesetzten Dosierung *keine* Euphorie erzeugt, bei einigen sogar eine gedrückte Stimmung. Die Patienten fühlen sich nun »in Ordnung«, nicht »in Stimmung«. Das ist ein großer Unterschied. Jetzt plötzlich sehen sie sich und ihre Umwelt mit den Anforderungen der Gemeinschaft klarer. Sie erkennen ihre bisherigen Schwächen. Dies mag wohl der Grund dafür sein, warum sie jetzt leichter Tränen vergießen als vorher. Diese leichten und sehr kurzzeitigen Verstimmungszustände sind erfahrungsgemäß eine vorübergehende Erscheinung. Sobald die ersten Erfolge der Behandlung eingetreten sind, pflegen sie bei den meisten Kindern zu verschwinden. Sie sind überdies harmlos im Vergleich zu den vor der Behandlung zutage getretenen Äußerungen des Unglücklichseins.

Es kommt noch etwas anderes hinzu. Die Kinder können sich jetzt steuern. Aber das gefällt ihnen auch nicht immer, denn mit klarer Sicht der Dinge werden sie sich dessen bewußt, was ihre Pflichten sind. Ein typisches Beispiel eines zwölfjährigen Gymnasiasten: »Wenn ich die Medizin nehme, dann weiß ich, daß ich lernen und die Hausaufgaben machen muß. Nehme ich sie nicht, ist mir das egal. Also nehme ich sie lieber nicht, wenn ich lieber Fußball spielen gehen will. Denn wenn ich sie nehme, ehe die Freunde mich abholen, hätte ich dauernd ein schlechtes Gewissen.« Man erinnere sich an das Wort der Mutter: »Sein Gewissen ist erwacht.« Die Kinder leben jetzt nicht mehr im Augenblick, sie denken nach. Die Einnahme weckt das Pflichtbewußtsein, die Nichteinnahme verhindert, an die lästige Pflicht zu denken.

Ein zwölfjähriges Mädchen macht auf die Frage, warum es die Medizin nicht nehmen will, seinem Ärger Luft:

weil ich die Fehler sehe;

weil mich die Unordnung im Schrank stört und ich sehe, daß ich ihn aufräumen muß;

weil es mich stört, wenn im Heft geschmiert ist und ich die Seite herausreißen und noch mal schreiben muß;

weil ich ohne Medizin immer zufrieden bin.

Manche Lehrer beklagen sich, daß die Kinder nicht mehr so lustig sind. Man könnte es als ein Zeichen beginnender Reife sehen. Dieser Entwicklungssprung, die Fähigkeit, sich und die anderen kritisch zu sehen, ist Teil der erwünschten Wirkung des Medikaments. Hans

Huessy sieht das so:»Jemand, der eine Droge mißbraucht, möchte ›abschalten‹. Die Stimulanzien wirken auf die HKS-Kinder jedoch gegenteilig: ›Sie werden eingeschaltet‹ oder ›eingestimmt.‹« Huessy sagt auch, daß es selbstverständlich nicht angenehm sei, nun die Welt so zu sehen, wie sie wirklich ist, mit all ihren Nachteilen. Es sei auch nicht angenehm, für sich verantwortlich zu sein, also in einen Zustand der Selbstbeherrschung zu gelangen, wie das nach Einnahme der Stimulanzien der Fall ist.»Die Kinder haben nun die Wahl, nicht zu explodieren, wenn ihnen etwas nicht gefällt. Das wollen sie nicht, sie wollen lieber explodieren.«

Da Wachsen und Reifen nicht nur die Entfaltung der Persönlichkeit verspricht, sondern auch Anpassung an das Bestehende verlangt, ist dies manchmal mit Schmerzen verbunden. Dieser Prozeß, der vorher durch die Störung blockiert war, wird jetzt durch die Stimulanzien freigegeben. Sie ermöglichen ein etwas plötzliches, aber längst überfälliges und für die Reifung der Persönlichkeit dringend notwendiges Nachholen dessen, was die anderen Kinder, über viele Jahre verteilt, schrittweise durchgemacht haben. (Dies ist ein Grund mehr, mit der Behandlung früh einzusetzen.) Das Dasein ist nicht mehr so lustig, es wird nun ernst. Einigen fällt das schwer. Sie benötigen eine Zeitlang dafür, sich auf die neue innere Situation einzustellen. Sie können sich nur zögernd damit abfinden.

Führt die Behandlung zu Gewöhnung, Abhängigkeit, Drogenmißbrauch oder Sucht?

Vermutete Folgeerscheinungen nach einer Stimulanzienbehandlung wie Gewöhnung, Abhängigkeit, Sucht, späterer Drogenmißbrauch stehen im Mittelpunkt der öffentlichen Besorgnis. Es wird vielfach behauptet, daß behandelte HKS-Kinder aufgrund ihrer Behandlung für Sucht und Drogenmißbrauch anfälliger seien und lernten»zur Pille zu greifen, um Schwierigkeiten zu meistern«.

Die Behauptung, daß diese Gefahr bestünde, ist eine Hypothese, die bis heute noch nicht bewiesen worden ist, obwohl sie immer wieder vorgebracht wird. Die Erfahrung mit diesen Kindern, die wir als Kinderärzte ja häufig zehn bis fünfzehn Jahre lang betreuen, hat bisher keinen Hinweis auf die Gefahr der Gewöhnung erbracht. Der Frage der Abhängigkeit sind auch Barbara Henker und ihre Mitarbeiter in einer Untersuchung von 483 Jugendlichen nachgegangen. Es fanden sich keine Hinweise, die diese Befürchtungen stützen.

Die oben angeschnittenen Fragen haben Gabi Weiß und Lily Hechtman im Montreal Children's Hospital gründlich behandelt. Sie stützten sich dabei auf eine erschöpfende Literaturdurchsicht und auf eigene Nachuntersuchungen bei hyperkinetischen und normalen Kindern nach zehn und fünfzehn Jahren. Ihre zusammenfassenden Schlußbemerkungen sind ermutigend.

»Ganz allgemein ergibt sich, daß sich Hyperkinetische und Nicht-Hyperkinetische in ihrem Gebrauch von Drogen und Alkohol nicht stark unterscheiden. Nur ein – statistisch nicht signifikanter, also unbedeutender – Trend eines geringgradigen Mehrgebrauchs von Drogen und vielleicht auch Alkohol ist feststellbar.«

Jane Loney und ihre Mitarbeiter haben in einer Serie von Untersuchungen folgendes ermittelt: HKS-Jugendliche, die nicht mit Stimulanzien behandelt worden waren, haben – im Vergleich zu den im Durchschnitt zwei Jahre lang Behandelten – in der Adoleszenz häufiger Drogen und Alkohol zu sich genommen, unter Alkoholeinfluß am Steuer gesessen und waren häufiger in den Rauschgifthandel verwickelt.

Diesen wissenschaftlichen Ergebnissen entspricht auch die tägliche Erfahrung all der Ärzte, die Erfahrung mit der Stimulanzienbehandlung hyperkinetischer Kinder haben. Wie erwähnt, nehmen diese Kinder die Medikamente nicht gern ein: Sie erzeugen keine Euphorie, sondern eher eine Ernüchterung. Das Kind sieht nun die Realitäten klar, und diese sind manchmal nicht angenehm. Da sind die Pflichten, die Forderungen der Umgebung und die innere Stimme – alles Dinge, die man früher übersehen oder überhören konnte. Das mag der Grund dafür sein, daß bisher noch kein einziger Fall von Abhängigkeit oder Sucht beobachtet wurde.

Besteht die Gefahr eines Mißbrauchs durch andere?

Ist zu befürchten, daß normale Kinder, Jugendliche oder Erwachsene das Mittel einnehmen, um ihre Konzentration zu verbessern, um länger arbeiten zu können, obwohl sie die Ausdauer eines gesunden Menschen haben?

Ich glaube, daß das extrem selten geschieht, und zwar aus folgenden Gründen: 1. Es ist mir kein einziger Fall bekannt, wo eines der nicht-hyperkinetischen Geschwister die Mutter darum gebeten hätte, angesichts der deutlichen schulischen Verbesserung des behandelten Kindes auch von der Medizin etwas einnehmen zu dürfen. Durch meine genaue

Kontrolle der verschriebenen Mengen ist das belegbar. 2. Eine weitverbreitete Stimmung gegen Medizin, Pillen und Psychopharmaka
arbeitet gegen eine unerlaubte Einnahme des zu Hause vorrätigen Stimulans. 3. Alle Kinder sträuben sich gegen die Einnahme von Medizin,
und zwar jeglicher Arznei. Es ist unzulässig zu behaupten, Kinder würden »sich gefügig unter Drogen setzen lassen« oder »zur Pille greifen«,
um beispielsweise bessere Noten zu bekommen. Solche Unwahrheiten
werden meistens von Leuten behauptet, die noch nie gezwungen waren, ein Kind wenigstens so weit zu bringen, daß es zehn Tage lang
Penizillin für die Behandlung seines Scharlachs einnimmt. Genauso
unwahr ist der Vorwurf gegen die Eltern, sie würden Kinder »unter
Drogen setzen«, um sie ruhig zu stellen, sie gefügig zu machen, oder um
ihnen bessere Schulleistungen abverlangen zu können. Jeder, der ein
wenig Kenntnis von unserer Elterngeneration besitzt, wird solch eine
beleidigende Behauptung scharf zurückweisen müssen. Auch sie
kommt aus der Ecke derer, die kaum Erfahrung mit der Behandlung
solcher Kinder haben dürften. 4. Ich halte es für nahezu ausgeschlossen, daß es Eltern oder Kindern gelingen könnte, einem Kinderarzt die
komplizierte Symptomatik eines HKS so vorzutäuschen und die Krankheitsgeschichte so echt wiederzugeben, daß er auf die »Simulation«
hereinfallen könnte – nur um in den Besitz der Medizin zu gelangen.
Jeder Arzt muß immer wieder von neuem eine Hemmschwelle überschreiten, ehe er ein Medikament verschreibt. Es sieht nur so aus, als
ob er das rasch und leichten Sinnes täte. Er hat nämlich von allen
Medikamenten des ihm geläufigen Arzneimittelschatzes eher die Nebenwirkungen im Gedächtnis als die positiven Wirkungen. Er hat das
vom ersten Tag seiner Ausbildung an gelernt und bekommt es täglich in
der Fachpresse und in der Fortbildung eingehämmert: »nil nocere«,
»nicht schaden«. Wenn er etwas verschreibt, tut er das nach sorgfäl-
tigster Abwägung der Vor- und Nachteile.

Warum keine »natürlichen« Mittel?

Da es keine zuverlässigen »natürlichen« Mittel gibt, können diese auch
nicht eingesetzt werden. Die Indianer Nordamerikas kennen eine Substanz, die sie aus einer Pflanze gewinnen und die ihnen vermutlich
früher bei der Jagd Ausdauer verlieh und ihnen half, Hunger besser zu
ertragen. Dies ist nichts Neues. Neuzeitlich aber ist es, daß eine Organisation in den USA diese Substanz in einer Pflanzenmedizin, natürlich »echt« und »gesund«, versteht sich, vertreibt. Ein Arzt, dessen

hyperkinetische Tochter Amphetamin – »ich lasse mich nicht unter Drogen setzen!« – abgelehnt hatte, erzählte, daß sie nun begeistert von dem »jahrhundertealten Naturmittel« sei. Nach der Einnahme zeigten sich sofort mehrere von einem Stimulans bestens bekannte pharmakologische Eigenschaften, nur waren sie ziemlich unausgeglichen. Eine Reinigung von anderen pharmakologisch wirksamen und potentiell giftigen Substanzen und eine Titration (chemische Maßanalyse) war natürlich nicht gegeben. Die Naturvölker und die Europäer der früheren Jahrhunderte hatten sich mit einer sehr hohen Nebenwirkungsrate einschließlich Todesfolge abgefunden, weil es nichts Besseres gab. Naturbelassene Substanzen als Heilmittel beschwören Gefahren herauf, die fast verschwunden waren, nachdem Ärzte, Apotheker und Chemiker in den letzten zweihundert Jahren daran gearbeitet hatten, Heilmittel so sicher wie möglich zu machen. Außer den bisher besprochenen Medikamenten ist bis heute noch kein sicher wirksames natürliches Mittel bekannt.

Warum ein »Betäubungsmittel«?

Die über fünfzig Jahre alte Betäubungsmittelverschreibungsverordnung, ursprünglich als »Opiumgesetz« zur Aufnahme von Betäubungsmitteln gedacht, wurde bald dahingehend geändert, daß auch andere suchtgefährdende Substanzen, darunter die Stimulanzien, einbezogen wurden, wonach der Name dem Inhalt der Verordnung nicht mehr genau entsprach. Es wurde schon dargelegt, daß der Einsatz von Stimulanzien zur Behandlung des HKS keine Suchtgefährdung mit sich bringt. Dennoch muß bei ihrer Verschreibung den Vorschriften der Verordnung Rechnung getragen werden. Das bedeutet mehr Papierkrieg, schließt aber dafür Mißbrauch weitgehend aus. Bei den Eltern von HKS-Kindern erweckt das den Eindruck, es handle sich um ein besonders gefährliches Medikament. Dieser Eindruck ist falsch, denn es gibt sehr viele frei zu verschreibende Medikamente, auch unter den so außerordentlich populären Tranquilizern, die sehr viel gefährlicher, nämlich mit erheblichen und unter Umständen bedrohlichen Nebenwirkungen belastet sind.

Warum ein Psychopharmakon?

Ein Psychopharmakon wird eingesetzt, wenn es sich um eine psychische Fehlfunktion handelt, die behoben werden muß. Stimulanzien sind die wirksamsten Mittel, die wir für die Behandlung des HKS kennen. Sie gehören zur großen Gruppe der Psychopharmaka. Die psychische Fehlfunktion des HKS verlangt den Einsatz der geeigneten Substanz. Es gibt keine starken oder schwachen Mittel. Es gibt nur die richtigen und die falschen. Die richtigen erzeugen die gewünschte Wirkung, die falschen sind unwirksam. Im Zusammenhang mit Medikamenten kann deshalb nicht von »starken Geschützen« gesprochen werden. Wie bei der Antibiotikatherapie bakterieller Infektionen geht es hier auch um das Prinzip »Schlüssel und Schloß«. So wie es für jedes Schloß nur einen Schlüssel gibt, kommt für die Kinder mit HKS nur eine bestimmte Gruppe von Medikamenten in Frage.

Hilft eine psychologische Behandlung?

Den Müttern wird von Lehrern und in der Erziehungsberatung immer wieder geraten, das Kind dem Psychologen – zur Abklärung einer Störung – oder gleich dem Psychotherapeuten zur Behandlung vorzustellen.

Psychotherapie war die wichtigste Behandlungsmethode im Bradley Home in Providence, ehe dort in den 30er Jahren die Wirkung der Stimulanzien auf das HKS entdeckt wurde. Im Anschluß daran haben schon damals amerikanische Kinderpsychiater, die alle zusätzlich in Kinderpsychotherapie ausgebildet waren, diese Methode als Primärbehandlung des HKS zugunsten der Stimulanzienbehandlung verlassen. Jetzt wird sie nur mehr in Einzelfällen, in denen sich sekundär eine starke neurotische Überlagerung ausgebildet hat, eingesetzt. (Von einer neurotischen Überlagerung spricht man, wenn sich etwa bei einem Jugendlichen durch jahrelanges Bestehen der Primärsymptome des HKS Verhaltensweisen wie schwere Verstimmungszustände oder eine absolute Verweigerungshaltung entwickelt haben.)

Die häufig beim HKS eingesetzte Spieltherapie hat sich in Untersuchungen wie in der Praxis als unwirksam herausgestellt. Wenn auch das angeschlagene Selbstbewußtsein durch intensive und geduldige Therapie angehoben wird, so wird doch die grundlegende Störung, die Konzentrationsschwäche, die Impulsivität und die daraus resultierende Lernstörung nicht gebessert.

Wie können verfestigte ungünstige Verhaltensweisen verändert werden?

Beitrag von Fritz Jansen, Diplompsychologe

Wenn ein hyperkinetisches Kind erfolgreich medikamentös behandelt wird, dann tritt als eine wesentliche Veränderung die Verbesserung seiner Aufmerksamkeitsfähigkeit ein. In dem Maße, in dem seine Aufmerksamkeit zunimmt, beginnt das Kind in praktisch allen Lebensbereichen, seine wirklichen Fähigkeiten einzusetzen. Hierdurch fallen viele Mißerfolge, die das Kind vor der medikamentösen Behandlung erlebte, weg. Das Kind erlebt nun mehr Erfolge. Dies kann zu positiven Rückmeldeschleifen und Rückmeldekreisläufen führen, wie im folgenden Beispiel verdeutlicht werden soll:

Eine Mutter spricht mit ihrem Kind. Das Kind bleibt aufgrund der medikamentösen Behandlung mit seiner Aufmerksamkeit bei der Mutter. Die Mutter nimmt diese Aufmerksamkeit ihres Kindes wahr und freut sich darüber. Diese Freude der Mutter wird in der Regel vom Kind bewußt oder unbewußt wahrgenommen und stellt für das Kind eine positive Rückmeldung dar. Solche Erfolge verändern wiederum das Verhalten des Kindes in günstiger Weise – ein positiver Kreislauf entsteht.

Eine erfolgreiche medikamentöse Behandlung eines hyperkinetischen Kindes führt jedoch nicht immer zur völligen Zufriedenheit von Kind und Eltern, auch wenn die Aufmerksamkeitsfähigkeit des Kindes vollständig hergestellt ist. Daher ist es häufig sinnvoll, die erfolgreiche medikamentöse Behandlung durch psychologische Maßnahmen zu ergänzen. Einige psychologische Maßnahmen, die bei hyperkinetischen Kindern eingesetzt werden, wurden bereits aufgezeigt. Auf den folgenden Seiten soll ein weiterer Ansatz näher dargestellt und begründet werden.

Die medikamentöse Behandlung beeinflußt die hirnorganischen Ursachen des hyperkinetischen Verhaltens. Ein Medikament kann jedoch die gespeicherten und überlernten negativen Erfahrungen und Verhaltensweisen aus der Zeit vor der medikamentösen Behandlung nicht ungeschehen machen. In der Zeit vor Beginn der medikamentösen Behandlung war das Kind einer Flut von Mißerfolgen und negativen Erfahrungen ausgesetzt. Auf die hohe Anzahl von ungünstigen Erfahrungen reagierte das hyperkinetische Kind so, wie jedes andere Kind auch reagiert hätte: Es entwickelte Verhaltensweisen, mit denen es die ständigen seelischen Verletzungen bewältigen konnte. Je länger ein Bewältigungsverhalten besteht, desto stärker verfestigt es sich dauer-

haft. Ein solches Verhalten kann dann trotz medikamentöser Behandlung bestehen bleiben und selbst wieder zum Problem werden. Ein Beispiel soll dies verdeutlichen:
Vor der medikamentösen Behandlung hatte Phillip große Schwierigkeiten gehabt, beim Lernen mit der Aufmerksamkeit bei den Lerninhalten zu bleiben. Hierdurch erlebte er viele Mißerfolge. Mißerfolge entstanden für ihn besonders dort, wo das langfristige Behalten einzelner Lernschritte Voraussetzung für ein erfolgreiches Bewältigen der nächsten Lernschritte war. Hierzu gehören beispielsweise Rechtschreiben, Rechnen und Lesen. Um die beständig neu auftretenden Mißerfolge und die damit verbundenen negativen Gefühle zu bewältigen, entwickelte Phillip verschiedenste Verhaltensweisen, mit denen er es immer mehr vermied, sich auf die entsprechenden Lerninhalte einzulassen. So hatte er Schwierigkeiten selbständig und mit Spaß an die entsprechenden Lernbereiche heranzugehen. Er brauchte meist den Anstoß von außen. Während des Lernens gab er sich immer weniger Mühe, die richtigen Lösungen herauszufinden und erklärte immer häufiger die betroffenen Lernfächer für unwichtig. Bevor die einzelnen Lernschritte wirklich sicher beherrscht wurden, versuchte Phillip das Lernen abzubrechen. Er unterließ es, einzelne Lernschritte da, wo es notwendig war, zu wiederholen. Er überprüfte nicht, ob er Aufgaben richtig gelöst hatte. Wenn Phillip doch einmal Erfolg hatte, konnte er sich darüber nicht freuen. Weil er die Bedeutung des Lernfaches herabsetzte, konnte er sich auch nicht selber loben. So beeinflußte die Vermeidung und Abwertung von Lernbereichen nicht nur Phillips Verhalten, sondern auch seine Selbstbewertung während des Lernens. Sein geringer Einsatz für das Lernen und seine Abwertung der entsprechenden Lernfächer halfen Phillip, das unangenehme Gefühl zu dämpfen, das mit den Mißerfolgen einherging. Ein Mißerfolg wird um so unangenehmer erlebt, je höher die Anstrengung bei der Lösung der Aufgabe ist. Daher wählte Phillip den Bewältigungsweg, sich nicht mehr anzustrengen und die entsprechenden Lernfächer abzuwerten.
Hyperkinetische Kinder finden die unterschiedlichsten Wege, mit Mißerfolgen umzugehen. Fast immer wählen sie dabei Lösungen, die ein erfolgreiches Lernen noch unwahrscheinlicher werden lassen. So geben sie bei Schwierigkeiten schneller auf, anstatt sich besonders zu bemühen oder sie verhalten sich widerständig und aggressiv anstatt kooperativ und mitdenkend. In den verschiedensten Kapiteln wurde auf die besonderen Verhaltensweisen von hyperkinetischen Kindern ausführlich eingegangen.

Verhaltensweisen hyperkinetischer Kinder, die Versuche zur Bewältigung ihrer schwierigen Situation vor der medikamentösen Behandlung darstellten, können sich über die Zeit verfestigen und automatisieren. Sie werden damit immer mehr zu einem festen Bestandteil der Persönlichkeit des Kindes. Je mehr das Bewältigungsverhalten sich vor der medikamentösen Behandlung bereits verfestigt hat, desto stärker wird es auch während der medikamentösen Behandlung bestehen bleiben. Die oben beschriebenen Verhaltensweisen von Phillip können, wenn sie während der medikamentösen Behandlung stabil bleiben, eine positive Entwicklung blockieren.

Aus dem Wissen um eine mögliche Verfestigung von Verhaltensweisen, die ursprünglich eine Bewältigung darstellten, läßt sich für die Behandlung des hyperkinetischen Kindes folgendes ableiten:

1. Bei jedem einzelnen hyperkinetischen Kind muß geprüft werden, ob nicht möglichst früh eine medikamentöse Behandlung begonnen wird. Je früher eine medikamentöse Behandlung einsetzt, desto weniger Verfestigungen ungünstiger Verhaltensweisen werden eintreten. Das Kind erfährt weniger Mißerfolge und seelische Verletzungen.

2. Grundsätzlich können aufgrund der medikamentösen Behandlung verfestigte Verhaltensweisen spontan ausheilen. Im Einzelfall sollte jedoch geprüft werden, inwieweit einzelne ungünstige Verhaltensweisen stabil bleiben. Bleiben trotz medikamentöser Behandlung verfestigte ungünstige Verhaltensweisen des Kindes weiter bestehen, so ist es sinnvoll, sie im Rahmen einer psychologischen Therapie anzugehen.

Ich habe in den letzten Jahren immer wieder feststellen müssen, daß die Zeit vor Beginn der medikamentösen Behandlung mit ihrer Flut von Mißerfolgen nicht nur bei den Kindern, sondern auch bei den Eltern nachwirken kann. Auch Eltern müssen auf die schwierige Situation ihres hyperkinetischen Kindes in der Zeit vor der medikamentösen Behandlung mit Bewältigungsverhalten antworten. So ist häufig zu beobachten, daß Eltern es aufgegeben haben, ihr hyperkinetisches Kind zu loben. Zu oft wurden sie von ihm enttäuscht. Es fällt ihnen schwer, Positives an ihrem Kind wahrzunehmen, da sie Negatives erwarten. Das Loben ist ihnen mittlerweile ungewohnt. Viele Eltern geben es auch auf, dem Kind angemessene Grenzen zu setzen. Zu oft haben sie erlebt, daß Grenzsetzungen sinnlos sind, weil das Kind sich doch nicht an die Grenzen hält. Derartige Verhaltensweisen von Eltern können ebenfalls verfestigen. Sind sie erst einmal stabil, so können sie weiterbestehen, obwohl das Kind aufgrund des Medikaments nun ganz anders reagiert. Hierdurch kann eine positive Entwicklung des Kindes und die Entwicklung einer positiven Beziehung zwischen Eltern und Kind blockiert werden.

Kinder und Eltern können nur sehr schwer selbst bemerken, wann sie sich ungünstig verhalten. Dies liegt daran, daß 95–98 Prozent des Verhaltens und des Wahrnehmens völlig unbewußt ablaufen. Dieser für die Therapie ganz wichtige Sachverhalt steht heute außer Frage. Er muß in der psychologischen Beratung und Behandlung ausreichend berücksichtigt werden. Wenn 95–98 Prozent von dem, was ein Mensch in einer Situation wahrnimmt und tut, unbewußt abläuft, dann führt dies zu einer Reihe von Schwierigkeiten, die nachfolgend nur angedeutet werden können.

- Eltern können sich oft nicht erklären, warum sich ihr Kind in einer bestimmten Weise verhält.
- Eltern haben kaum eine Möglichkeit, bewußt zu prüfen, ob die Annahmen über die Ursachen eines Verhaltens ihres Kindes zutreffend sind oder nicht. Sie können nicht mit Sicherheit erfassen, mit welchem eigenen Verhalten sie das Verhalten des Kindes auslösen.
- Eltern können im Gespräch mit dem Therapeuten häufig nicht die Informationen geben, die er wirklich braucht.
- Eltern können häufig eine mündliche Beratung nicht wirklich erfolgreich umsetzen, weil sie von dem, was sie alles in einer bestimmten Situation tun, bewußt nicht viel wissen.

Aufgrund dieser aufgezählten Schwierigkeiten hat sich ein verhaltenstherapeutischer Ansatz, bei dem mit Hilfe von Videoaufzeichnungen oder ersatzweise auch Tonbandaufzeichnungen zunächst unbewußte Verhaltensweisen bewußt gemacht und analysiert werden, um anschließend schrittweise verändert zu werden, als äußerst erfolgreich erwiesen. Dieser Ansatz wurde von Jansen und Streit (1992) für Eltern gut lesbar dargestellt. Videoaufzeichnungen sind aus verschiedenen Gründen meist von entscheidender Bedeutung für den Therapieerfolg. Die Therapeuten können die wirklichen Ursachen der Verhaltensstörung besser erkennen, weil sie ein und dieselbe Aufzeichnungsstelle mehrmals und zeitverzögert anschauen können. Auch die Eltern selbst können ein und denselben Videoausschnitt wiederholt betrachten und dabei ihre eigenen Verhaltensweisen und die Verhaltensweisen des Kindes wahrnehmen und analysieren lernen. So können sich Eltern mit Hilfe von Videoaufzeichnungen in einer unglaublich schnellen Weise Unbewußtes bewußt machen. Sie können über ihr eigenes Auge lernen, welche ihrer Verhaltensweisen sich auf das Verhalten des Kindes günstig oder ungünstig auswirken. Nachdem Eltern mit Hilfe von Videoaufzeichnungen gelernt haben, ihr eigenes Verhalten bewußt wahrzunehmen, üben sie, ihr Verhalten so umzustellen, daß ihr Kind sein Verhalten verändert. In dieses Üben werden ständig neu angefertigte Videoaufzeichnungen mit einbezogen.

Dieser Weg einer Verhaltensänderung bei den Eltern ist in der Regel für Kinder bis zu einem Alter von 10–12 Jahren äußerst erfolgreich. Auch hier gilt jedoch: je früher die Therapie stattfindet, desto tiefgründiger wirkt sie. Die besten Erfolge werden bis zu einem Alter von 6–8 Jahren erreicht.

Die Eltern konsequent und aufwendig mit in die Therapie einzubeziehen und ihnen an den entscheidenden Stellen die Aufgabe des eigentlichen Therapeuten zukommen zu lassen, ist ein äußerst erfolgreicher Heilungsweg für die verschiedensten kindlichen Störungen. Die beeindruckenden Erfolge bei fast allen Störungen legen nahe, bei jedem hyperkinetischen Kind die Behandlung zuerst und ausschließlich mit verhaltenstherapeutischen Therapieschritten zu beginnen. Ich möchte aus meinen eigenen Erfahrungen von einem solchen grundsätzlichen Vorgehen abraten. In aller Regel greifen die verhaltenstherapeutischen Maßnahmen erst voll bei gleichzeitiger medikamentöser Behandlung. Den Kindern und Eltern werden mit dem rechtzeitigen Beginn der medikamentösen Behandlung und einer gegebenenfalls ergänzenden Verhaltenstherapie viele Mißerfolge und Entmutigungen erspart. Nur wenn die hyperkinetischen Symptome bei einem Kind sehr schwach ausgeprägt sind, kann eine gut durchgeführte Verhaltenstherapie allein erfolgreich sein.

8. Teil
Allgemeine Ratschläge für die Eltern

Die Eltern haben ein HKS nicht durch ihr Verhalten verursacht und damit verschuldet.

Folgende Aussprüche und »gute« Ratschläge von Nachbarn, Lehrern, Erziehern oder gar von den eigenen Eltern verletzen und verunsichern: »Kein Wunder, daß das Kind so ist, bei der ungeduldigen Mutter«, »Bei der Mutter muß das Kind ja so sein«, »Das Kind ist von den Eltern überfordert«, »Dem Kind muß mehr in Ruhe erklärt werden«, »Das Kind benötigt mehr Zuwendung und Anregung, dann wird es ruhiger«, »Die Mutter schimpft viel zuviel« und ähnliche Äußerungen mehr. Wie bisher im Buch deutlich geworden, kann inkonsequentes Verhalten die negativen Verhaltensweisen eines hyperkinetischen Kindes verstärken, aber nicht verursachen, d. h. auslösen!

Die Eltern tragen die Verantwortung für ihr Kind und leben tagein-tagaus mit ihm zusammen. Nur sie wissen deshalb, wie anstrengend und erschöpfend, zur Verzweiflung treibend HKS-Kinder sein können mit ihrer Unruhe, ihren impulsiven Reaktionen, in ihrer Unberechenbarkeit, mit ihren Stimmungsschwankungen. Da ist es nur zu verständlich, daß in einer Familie mit einem hyperkinetischen Kind eher Chaos und Unruhe herrschen, als Ordnung und Ruhe, die Eltern eher ungeduldig und gereizt reagieren, als geduldig und freundlich.

Das HKS-Kind erzeugt Unruhe, Gereiztheit, Ungeduld und Chaos in einer Familie, nicht die Eltern. Diesem Kind fällt es schwer bei einer Sache zu bleiben, abzuwarten, angemessen zu reagieren... es schießt ständig übers Ziel hinaus, es erkennt seine Grenzen nicht.

Hierbei können Eltern ihren HKS-Kindern helfen, indem sie *Grenzen setzen*, d. h. dem hyperkinetischen Kind klar und eindeutig zeigen und klarmachen, bis wohin es gehen darf mit seinem Verhalten. Diese Grenzen müssen konstant bleiben und konsequent beibehalten werden. Ein HKS-Kind kann nicht mit sich ständig ändernden Grenzen umgehen. Grenzen bedeuten für jedes Kind Orientierung und Sicherheit. Ein hyperkinetisches Kind benötigt in besonderem Maß Orientierung und Sicherheit, d. h. eindeutigere und konstantere Grenzen als ein nicht-hyperkinetisches Kind.

Daraus resultiert, daß Eltern *konsequentes Verhalten* zeigen müssen. Durch konsequentes Verhalten der Eltern bekommen hyperkinetische Kinder zusätzlich Sicherheit. Sie lernen die Reaktionen der Eltern eher einzuschätzen, wenn diese immer gleichbleibend – also konsequent – erfolgen. Wichtig ist dabei, daß die Eltern die Grenze ihrer Belastbarkeit und ihrer Toleranz sehr genau kennen. Gemeint ist damit die individuelle Grenze der Eltern, bevor sie so gereizt, hilflos oder verzweifelt sind, daß schlecht gesteuerte Reaktionen ausgelöst werden, wie z. B. der Situation unangemessenes Schimpfen oder Strafen. Diese Reaktionen sind für ein hyperkinetisches Kind ebenso schwer zu verstehen wie für ein nicht-hyperkinetisches.

Ebenso wie die Reaktionen oder das Verhalten der Eltern eindeutig für ihr HKS-Kind sein müssen, sollten es auch die Konsequenzen sein, die auf Fehlverhalten oder nichteingehaltene Regeln folgen.

Konsequenzen sollen in Zusammenhang stehen mit dem Vergehen des hyperkinetischen Kindes und bekannt sein, z. B. Fernsehverbot für Zuspätkommen. Zu beachten ist hierbei für Eltern, daß sie die angekündige Konsequenz auch einhalten. Deshalb sollten solche Konsequenzen nicht unüberlegt und im Zorn angedroht werden. Es geschieht dann leicht, daß diese sich in der Praxis schlecht umsetzen lassen und unwirksam sind. Ebenso wichtig wie das konstante Einhalten von dem Kind bekannten Konsequenzen ist auch das schnelle Durchführen. D. h. nicht x-mal ankündigen »Wenn Du jetzt nicht, … dann…«. Besser, sinnvoller und wirksamer ist: Konsequenz ankündigen, einmal erinnern, handeln.

Handeln statt reden. Hyperkinetische Kinder verstehen handelnde Eltern schneller als redende und erklärende Eltern. Handeln die Eltern, setzen sie eine »spürbare« Information. Erklärungen werden überhört. Bei handelnden Eltern geschieht etwas, es erfolgt eine Aktion, die das HKS-Kind bewußt wahrnimmt. Bei redenden Eltern geschieht nichts, das HKS-Kind kann abschalten, eben nicht zuhören.

Führen ist auch eine Form des Handelns. Führen meint nichts anderes als das hyperkinetische Kind »bei der Hand zu nehmen«, ihm zu helfen bei der Problemlösung. Häufig lernen diese Kinder über Handeln besser, wie etwas geht, als über Erklärungen. Z. B.: wie Messer und Gabel zu halten sind oder Buchstaben und Zahlen zu schreiben. Führen Eltern die Hand des HKS-Kindes, erleichtern sie sein Bemühen.

Regelmäßigkeit im Tagesablauf ist für ein hyperkinetisches Kind ebenfalls eine Erleichterung. Es kann sich dadurch an festen Punkten des Tages orientieren. Es weiß dann allmählich, was wann geschieht. Diese äußere Struktur bietet diesen Kindern eine Möglichkeit, sich im Tagesablauf zu orientieren. Jede Veränderung, mit der nicht-hyperkinetische Kinder gut umgehen können, bedeutet für hyperkinetische Kinder eine Verunsicherung, weil sie nicht wissen, »was dran ist«. Ebenso wie ein geregelter Tagesablauf helfen HKS-Kindern eindeutige und klare Informationen.

Eindeutige, klare Informationen, z. B. Anweisungen, Aufforderungen oder im Gespräch, erleichtern hyperkinetischen Kindern das Verstehen und Reagieren. Begriffe wie »gelegentlich« und »ungefähr« führen schnell zur Mißachtung von Bitten und Aufforderungen. Auch Aufträge, die mehrere Schritte beinhalten, werden schneller vergessen, z. B. »nach den Hausaufgaben, holst Du dies und stellst jenes weg«, »komm nicht so spät nach Hause«. Für HKS-Kinder muß jede Information eindeutig und transparent sein, um sie schnell verstehen zu können.

Es ist wichtig, daß Eltern ihre eigenen Möglichkeiten und Fähigkeiten einschätzen und ebenso ihr Handeln auf das Leistungsvermögen des HKS-Kindes ausrichten, d. h. es nicht überfordern oder unterfordern. Dies ist sehr schwierig bei hyperkinetischen Kindern, da sie eben schwankende Leistungen zeigen. Was HKS-Kinder wenig oder gar nicht haben sind Ausdauer und Geduld. Eltern sollten daher »Aufgaben« vermeiden, die längere Zeit und Geduld zur Durchführung erfordern.

Lob und Verstärker für positive Leistungen ermutigen und motivieren. Diese positive Beachtung reicht vom anerkennenden Wort bis zur Belohnung, wenn das HKS-Kind Aufgaben gelöst hat, Sozialverhalten zeigt, auf Kompromisse eingeht. Denn HKS-Kinder zeigen neben ihren anstregenden Momenten auch viele positive Augenblicke, die Eltern ermöglichen, sich zu freuen. Diese Freude sollte gezeigt werden.

Zusammenfassend kann gesagt werden, daß eine beständige Konsequenz, Regelmäßigkeit und Eindeutigkeit den Eltern den Umgang mit ihren hyperkinetischen Kindern erleichtern. Eltern erleichtern dadurch den Kindern sich besser im Alltag zurechtzufinden. Lob, Anerkennung, Konsequenz und Grenzsetzung müssen dem Verhalten und Möglichkeiten des Kindes angemessen eingesetzt werden.

Sollte das veränderte Elternverhalten jedoch keine Erfolge beim Kind zeitigen, ist es ratsam, sich an einen Arzt zu wenden. Folgende Überlegungen sollten Sie dabei beachten:

Fragen Sie Ihren Kinderarzt, ob er bereit ist, Ihr Kind, von dem Sie annehmen, daß es sich um ein hyperkinetisches Kind handelt, mit Stimulanzien zu behandeln. Lehnt er ab, rufen Sie andere Kinderärzte an. Seien Sie nicht verzagt, wenn einige Kollegen diese Behandlung nicht durchführen wollen. Das Gesamtgebiet der Kinderheilkunde ist so umfangreich, daß man es niemandem verdenken kann, wenn er eine Therapie, mit der er nicht bestens vertraut ist, nicht einsetzen möchte.

Eine Krankenhauseinweisung ist nicht zu empfehlen, da sämtliche Untersuchungen beim Kinderarzt oder einer anderen, mit kindlichen Verhaltensstörungen vertrauten Fachkraft durchgeführt werden können. Die Verhaltenstherapeutin Vera Kuhlen hat auf etwas hingewiesen, das von großer praktischer Bedeutung ist. Nicht nur die Diagnose sollte im Risikomilieu stattfinden, das heißt in der gewohnten Umgebung des Kindes, sondern auch die Behandlung. Deshalb ist eine stationäre Einweisung eines Kindes in eine Klinik zur Abklärung nicht sinnvoll. Das Kind benimmt sich in der neuen Umgebung anders als zu Hause. Leichtes Fehlverhalten verschwindet schon, wenn die »Zuwendung«, die als Verstärker fungierende Beachtung durch die Familie, wegfällt. Das erschwert die Diagnosefindung. Außerdem scheint es mir vollkommen abwegig zu sein, zum Zweck der Durchführung einer psychologischen Behandlung das Kind aus seinem Elternhaus zu entfernen, um es in eine Klinik einzuweisen. Selbst wenn das Kind nach längerem Klinikaufenthalt die behandelten Verhaltensweisen verloren haben sollte, stellen sich diese erneut ein, wenn es wieder in sein altes Risikomilieu zurückkehrt. Die alten Verstärker werden wirksam, denn die Umgebung hat sich inzwischen nicht verändert. Das heißt, die alten Gewohnheiten treten wieder auf.

Die schulische Situation erfordert kühle Überlegung und Zusammenarbeit mit den Lehrkräften.

Für die schulische Weiterentwicklung der Kinder gibt es die folgenden typischen Situationen:

a. Das Kind bessert sich sehr rasch, so daß bis auf die Kontrolle der Fortschritte der Schulleistungen keine weiteren Maßnahmen nötig sind.

b. Das Kind hat so große Lücken, die es auch durch Nachhilfeunterricht und erhöhten Lerneinsatz nicht aufholen kann. Es hat dann keinen Sinn, trotz weiterhin schlechter Noten in zwei oder mehr wichtigen Fächern das Klassenziel mit Gewalt erzwingen zu wollen. Dies wäre für das Kind eine unzumutbare Belastung. In einem solchen Fall ist ein freiwilliges Wiederholen des Jahrgangs empfehlenswert. Das

Kind bekommt wieder Boden unter den Füßen; der Lehrstoff entspricht seinen Fähigkeiten. Die Möglichkeit zur Zurückstufung sollte man vor allem dann ins Auge fassen, wenn ein Kind wegen seiner Intelligenz und Aufgeschlossenheit zu früh eingeschult wurde. Dazu kommt die Entwicklungsverzögerung des HKS-Kindes. Beides kann oft durch eine noch so hohe Intelligenz nicht wettgemacht werden.

c. Wenn eine Rückstufung nicht mehr möglich ist, weil das Kind schon ein- oder zweimal wiederholt hat, sollte man einen Wechsel der Schulart ins Auge fassen. Am wichtigsten ist doch, daß jetzt das erfolglose HKS-Kind erfolgreich wird. Es ist erstaunlich, wie rasch die Kinder aufholen, sich in kürzester Zeit auf die neue Situation einstellen und sehr zufrieden sind.

d. Das Internat ist zu einem kleinen Prozentsatz der Fälle eine Hilfe für Kind und Eltern. Das Kind kann sich zwar nicht besser konzentrieren. Die Situation zwischen den Eltern und dem HKS-Kind ist jedoch so festgefahren, daß Distanz oder eine andere »Autorität« eine zusätzliche Hilfe darstellen. Hier kann ein Internat dann Wunder wirken. Vom ersten Tag an akzeptiert der Jugendliche die Spielregeln und erkennt die Forderungen, die an ihn gestellt werden, willig an.

Wichtig ist es jedoch, daß das Internat von einer natürlichen und selbstverständlichen Autorität erfüllt ist, das heißt, daß man den Kindern dort nicht nur mit dem selbstverständlichen Wohlwollen, sondern mit einer entschiedenen Anspruchshaltung, was schulische und soziale Disziplin anbetrifft, gegenübertritt.

Am Schluß des Buches möchte ich noch einmal die wesentlichsten Erkenntnisse zusammenfassen:

Erstens, daß hyperkinetische Kinder aufgrund ihrer Aufmerksamkeitsstörung vielfältige Probleme haben in den Bereichen der Wahrnehmung, des Sozialverhaltens und des Lernens.

Zweitens, daß diese Probleme in Abhängigkeit vom Schweregrad der Aufmerksamkeitsstörung zu sehen sind.

Drittens, je früher, d. h. bereits im Kleinkind- und Vorschulalter, die Probleme dieser Kinder beachtet und die Sorgen und Klagen der Eltern ernst genommen werden, desto besser können nicht-medikamentöse therapeutische Maßnahmen bei gering ausgeprägter Aufmerksamkeitsstörung als alleinige Intervention ausreichen.

Viertens, wenn eine nicht-medikamentöse Therapie nach 6 Monaten keine eindeutigen konstanten Fortschritte und Erfolge zeigt, eine baldige Stimulanzien-Behandlung begonnen werden muß.

Fünftens, daß die Stimulanzien-Behandlung beim HKS als die effektivste und wirksamste Maßnahme gilt.

Sechstens, daß die genannten begleitenden psychotherapeutischen Maßnahmen helfen, verfestigte, ungünstige Verhaltensmuster aufzulösen.